中国精神传承丛书
INHERITANCE OF CHINESE SPIRIT

焦裕禄精神

总主编 ★ 朱佳木　　副主编 钟建英　　程传享 著

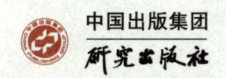

中国出版集团
研究出版社

图书在版编目 (CIP) 数据

焦裕禄精神 / 朱佳木主编 . -- 北京 : 研究出版社,
2022.1
(中国精神传承丛书)
ISBN 978-7-5199-0988-8

Ⅰ . ①焦… Ⅱ . ①朱… Ⅲ . ①焦裕禄(1922-1964)
– 先进事迹 – 学习参考资料 Ⅳ . ① D263

中国版本图书馆 CIP 数据核字 (2021) 第 042910 号

出 品 人：赵卜慧
出版统筹：丁　波
责任编辑：朱唯唯

焦裕禄精神
JIAOYULU JINGSHEN

朱佳木　总主编

研究出版社 出版发行

（100006 北京市东城区灯市口大街100号华腾商务楼）
北京中科印刷有限公司印刷　新华书店经销
2022年1月第1版　2023年10月第8次印刷
开本：880 毫米 ×1230 毫米　1/32　印张：5.25
字数：90 千字
ISBN 978－7－5199－0988－8　定价：38.00 元
电话（010）64217619　64217652（发行部）

版权所有 · 侵权必究
凡购买本社图书，如有印制质量问题，我社负责调换。

《中国精神传承丛书》编委会

主　编　朱佳木

副主编　钟建英

编委会成员（按姓氏笔画排序）

王才正	冯世平	任长海	刘明清	孙众超
李　蓉	李向前	李援朝	吴　翔	汪晓军
张卫峰	张文成	张兆宪	张树相	杨桂丽
和　龑	赵　宁	赵卜慧	胡建华	徐秦法
高　航	黄长君	曹宏举	董俊山	程传享
傅柒生	雷　颐			

参与编委单位

中共漳州市委党史和地方志研究室

作者简介

程传享，湖北安陆人，毕业于华中师范大学中国近代史研究所，获历史学硕士。2012年至2014年，在福建省委党史研究室工作，从事改革开放史研究工作，参与多个国家级重点课题，在中国精神谱系研究方面有诸多独创之处。现在湖北省公安厅工作，主要从事公安调研及综合文字工作，为公安部第六届特约研究员，在《公安研究》《公安内参》《人民公安报》等专业期刊杂志上发表文章十余篇。

《中国精神传承》丛书总序

习近平总书记在纪念红军长征80周年大会上说过一段至理名言："人无精神则不立，国无精神则不强。精神是一个民族赖以长久生存的灵魂，唯有精神上达到一定的高度，这个民族才能在历史的洪流中屹立不倒、奋勇向前。"由研究出版社出版的《中国精神传承》丛书，正是根据这一论述，为着传承中国精神而组织专家学者编撰的。

《中国精神传承》丛书共有21本，其中包括《五四精神》《红船精神》《井冈山精神》《苏区精神》《古田会议精神》《长征精神》《遵义会议精神》《延安精神》《南泥湾精神》《东北抗联精神》《红岩精神》《西柏坡精神》《抗美援朝精神》《大庆精神》《"两弹一星"精神》《雷锋精神》《焦裕禄精神》《红旗渠精神》《改革开放精神》《女排精神》《抗震救灾精神》。从这些书名本身可以清楚地看出，我们说的中国精神，指的是五四运动之后的100多年来，中国共产党人在领导中国人民进行革命、建设、改革的过程中，通过把马克思主义与中国实践相结合,并汲取中华民族优秀历史文化精华而塑造的革命精神和奋斗精神。

在新中国即将诞生前夕,毛主席写了一篇脍炙人口的著名文章《论人民民主专政》。文中写道:自从在鸦片战争失败后,先进的中国人都向西方寻找真理,只要是西方的新道理,什么书也看。它们是西方资产阶级民主主义的文化,即所谓新学,包括那时的社会学说和自然科学。学新学的人们认为这些可以救中国,然而,很奇怪,中国人向西方学得很多,但是行不通,而且先生还老是侵略学生,使中国的理想总是不能实现。直到十月革命一声炮响,给我们送来了马克思列宁主义,这才使中国人猛醒。"走俄国人的路——这就是结论。"[1] 所以,后来发生了五四运动,成立了中国共产党。再后来,蒋介石把中国拖到绝境。中国人民在中国共产党领导下驱逐了日本帝国主义,又进行了三年人民解放战争,取得了基本胜利,使人民认识到,"资产阶级的共和国,外国有的,中国不能有,因为中国是受帝国主义压迫的国家。唯一的路是经过工人阶级领导的人民共和国。"[2] 毛主席的这段论述,深刻而生动地说明了精神力量在旧中国变为新中国的历史过程中,起到的巨大的推动作用。

---

[1] 《毛泽东选集》第4卷,人民出版社1991年版,第1471页。
[2] 《毛泽东选集》第4卷,人民出版社1991年版,第1471页。

马克思主义认为，世界是物质的，物质是第一性的，是物质决定精神，而不是精神决定物质。但马克思主义同时告诉人们，精神在一定条件下也可以反作用于物质。正如马克思说的："批判的武器当然不能代替武器的批判，物质力量只能用物质力量来摧毁；但是理论一经掌握群众，也会变成物质力量。"[1] 毛主席也说："物质可以变成精神，精神可以变成物质。"[2] 在阶级社会中，"一个阶级是社会上占统治地位的物质力量，同时也是社会上占统治地位的精神力量"。[3] 旧中国的劳苦大众，在政治、经济上受帝国主义、封建主义、官僚资本主义的沉重压迫，同时也在精神上受到这三支势力的长期束缚。然而，当"中国人找到了马克思列宁主义这个放之四海而皆准的普遍真理，中国的面目就起了变化了。"[4] 这个变化，首先是人的精神面貌的变化。

马克思主义刚传播到中国时，还只是被少数共产党人所接受和信仰。随着革命的深入发展，中国化了的马克思主义先在根据地后在全中国的意识形态领域逐步占据了指导地位，使中国人的精神由墨守成规变得敢想敢干，由逆来顺受变得积极进取，由萎靡不振变得意气风发，并因此在革命、建设、改革中创造出一个

---

[1]《马克思恩格斯选集》第1卷，人民出版社2012年版，第9页。
[2]《毛泽东文集》第8卷，人民出版社1999年版，第321页。
[3]《马克思恩格斯选集》第1卷，人民出版社2012年版，第178页。
[4]《毛泽东选集》第4卷，人民出版社1991年版，第1470页。

又一个人间奇迹，同时塑造出一系列被称之为中国精神的革命精神和奋斗精神，反过来进一步推动了革命、建设、改革的发展。《中国精神传承》丛书所要介绍的，就是这些精神孕育、产生、发展和传承的过程。

只要稍微回顾一下历史就会看到，当年如果没有五四精神，就不会有马克思列宁主义在中国传播，不会把中国的旧民主主义革命变为彻底的反帝反封建的新民主主义革命，也不会有先进知识分子与工人运动的结合；

同样，如果没有红船精神，就不会产生把马克思列宁主义作为自己指导思想的中国工人阶级政党中国共产党，不会在党一成立时就明确提出自己的奋斗纲领，使中国的新民主主义革命从此拥有了自己的坚强领导者；

如果没有井冈山精神，就不会在大革命失败后重新点燃革命的火炬，使红色武装割据存在下去，使中国大地上的星星之火形成燎原之势；

如果没有苏区精神，就不会使革命根据地军民在敌军重重包围和生活极其艰苦的条件下仍然充满革命乐观主义，更不会创立新中国的雏形——中华苏维埃共和国；

如果没有古田会议精神，马克思主义的党建理论就不会同中国革命具体实际相结合，使以农民为主体的中国共产党和革命军队具有了并始终保持着工人阶级先锋队和新型人民军队的性质；

如果没有长征精神，红军就不会在前有天险后有追兵、缺医少药、且战且走的情况下，徒步行军两万五千里，抢渡金沙江，飞夺泸定桥、翻雪山、过草地，排除千难万险，最终胜利达到中国革命新的落脚点——陕甘宁根据地；

如果没有遵义会议精神，我们党就不会摆脱"左"倾教条主义在党内的统治，能独立自主地制定符合中国实际的路线和灵活机动的战略战术，更不会使中国革命从此由一个胜利走向另一个胜利；

如果没有延安精神，解放思想、实事求是就不会成为全党的思想路线和自觉行动，也不会形成全心全意为人民服务、密切联系群众、自力更生、艰苦奋斗的作风；

如果没有南泥湾精神，抗日军民就不会在国民党掀起反共高潮、对抗日革命根据地断绝供给并实行封锁的情况下，掀起自己动手、开荒屯田的大生产运动，不会通过官兵一致、同甘共苦、齐心协力的办法渡过难关，使抗日根据地得以生存并不断壮大；

如果没有东北抗联精神，共产党领导的抗联将士就不会在中国最寒冷、日本侵略者统治最严密的地方，率先举起抗日的旗帜，并在孤军奋战、爬冰卧雪的艰难环境下依然顽强抵抗，即使弹尽粮绝也坚持战斗到最后一刻；

如果没有红岩精神，被捕的地下工作者就不会在狱中已听到解放军炮声的情况下，仍能从容不迫、昂首挺胸地走上刽子手的刑场，就不会做到慎独、慎初、慎微、慎欲，永葆革命者的政治本色和对党的绝对忠诚；

如果没有西柏坡精神，我们党就不会在夺取全国胜利后仍能使广大党员继续保持谦虚谨慎、戒骄戒躁和艰苦奋斗的作风，不会使新生的人民政权在极短时间内便站稳脚跟，并经受住一个又一个异常严峻的考验；

如果没有抗美援朝精神，新中国就不会在刚刚成立、敌我力量极其悬殊的情况下，敢于抗击用钢铁武装的美国侵略军，并打破了美军不可战胜的神话，谱写出惊天地、泣鬼神的雄壮史诗，从而使新中国获得经济建设的和平环境，取得令全世界刮目相看的国际威望；

如果没有"两弹一星"精神，就不会有那么多科学家和工程技术人员、解放军指战员在物质技术基础十分薄弱的条件下，隐姓埋名、默默奉献，克服种种难以想象的艰难险阻，各有关部门也不会大力协同攻关，仅用不长时间便打破帝国主义的核讹诈、核封锁，使中国跻身世界少数核大国行列，极大增强了国防实力，提高了国际地位；

如果没有大庆精神，广大科学家、技术人员和工人群众就不会破除迷信，打破中国"贫油"的论调，不会发挥集中力量办大事的优势、实行油田大会战，并在短时间内建成大庆这个世界级的大油田，实现了那一时期的石油基本自给，粉碎了西方国家通过石油禁运阻滞我国建设的图谋；

如果没有雷锋精神，毫不利己、专门利人和刻苦学习、钻研业务的价值观就不会受到全社会的推崇，做好平凡岗位螺丝钉和助人为乐、不求回报的行动也不会在社会上蔚然成风；

如果没有焦裕禄精神，在千千万万基层干部面前就不会树立起社会主义建设时期的学习榜样，广大群众也不会在我们党取得全国政权后仍然感受到党与人民之间的血肉联系；

如果没有红旗渠精神，河南林州人民就不会在悬崖峭壁上开出一条"人工天河"，近百万亩土地可能至今还浇不上水，全国其他许多自然条件极差的地方也会因为缺少学习榜样而失去凭借双手改天换地的勇气；

如果没有改革开放精神，我们党就不会在粉碎"四人帮"后进一步冲破"左"的束缚，建立起公有制为主体、多种所有制经济共同发展，以及宏观调控与市场经济相结合的社会主义基本经济制度与市场经济体制，不会在自力更生的基础上实行全方位对外开放，从而走出一条符合社会主义初级阶段基本国情的中国特色社会主义道路；

如果没有女排精神，中国女排就不会在世界三大球类比赛中率先夺冠，更不会有中国队首创世界排球史上的"五连冠"、并在30多年里夺得十次世界女排三大赛冠军，不会使人们喊出"学习女排、振兴中华"的时代最强音，使逆境中决不放弃、低谷中坚持拼搏、挫折后勇于奋起成为响彻全国的口号；

如果没有抗震救灾精神，2008年四川汶川发生特大地震后，就不会得到全国四面八方的迅速支援，更不会仅用三年时间就基本完成灾后重建任务。

上述这些精神，虽然各有各的形成背景和特定内涵，但分析一下就会看出，其中的精髓无外乎一往无前的革命精神，矢志不渝的爱国精神，全心全意的为人民服务精神，不畏艰难的奋斗精神，实事求是的唯实精神，团结互助的集体主义精神。一句话，为中华民族伟大复兴和共产主义伟大理想不懈奋斗的精神。如果再深入分析，则可从中抽象出一些相对更原则的精神，例如，信仰执着，信念坚定，忧国忧民，精忠报国，前仆后继，百折不挠，舍生忘死，坚贞不屈，同甘共苦，互助友爱，自力更生，艰苦奋斗，思想解放，实事求是，政清人和，廉洁奉公，公而忘私，顾全大局，谦虚谨慎，戒骄戒躁，克勤克俭，俭存奢失，刻苦学习，埋头苦干，迎难而上，勇攀高峰，等等。从这些精神中，人们不难看到中国古代优秀文化的影子。

世人皆知，中华民族在五千年的文明史中，既创造过灿烂的物质文明，也产生出数不尽的精神文明。这些精神文明的成果，有的散见于古籍史书、成语典故、诗赋格言，有的则存在于口口相传的神话或寓言里。中华民族的优秀精神，很多就是通过它们得以传承下来的。

例如，体现抗争精神的神话有：女娲补天，后羿射日，夸父追日，精卫填海，大禹治水；寓言有：愚公移山，铁杵磨针，滴水穿石；典故有灭此朝食，卧薪尝胆，破釜沉舟，背水一战；成语有：披荆斩棘，百折不挠，锲而不舍，越挫越勇；格言有：天行健，君子以自强不息；等等。

体现爱国精神的诗词有：愿得此身长报国，何须生入玉门关；黄沙百战穿金甲，不破楼兰终不还；位卑未敢忘忧国，事定犹须待阖棺；僵卧孤村不自哀，尚思为国戍轮台；王师北定中原日，家祭无忘告乃翁；壮志饥餐胡虏肉，笑谈渴饮匈奴血；人生自古谁无死，留取丹心照汗青；苟利国家生死以，岂因祸福避趋之；青山处处埋忠骨，何须马革裹尸还；寄意寒星荃不察，我以我血荐轩辕；格言有：天下兴亡，匹夫有责；等等。

体现民本精神的古语有：大道之行也，天下为公；大学之道，在明明德，在亲民，在止于至善；民为邦本，本固邦宁；达则兼济天下，穷则独善其身；居庙堂之高则忧其民，处江湖之远则忧其君；先天下之忧而忧，后天下之乐而乐；为天地立心，为生民立命；诗词有：锄禾日当午，汗滴禾下土，谁知盘中餐，粒粒皆辛苦；朱门酒肉臭，路有冻死骨；安得广厦千万间，大庇天下寒士俱欢颜；衙斋卧听萧萧竹，疑是民间疾苦声；等等。

体现勤奋精神的典故有：悬梁刺股，闻鸡起舞；成语有：业精于勤，励精图治，夙兴夜寐，朝乾夕惕，埋头苦干，废寝忘食；古语有：艰难困苦，玉汝于成；道虽迩，不行不至，事虽小，不为不成；黎明即起，洒扫庭除；等等。

体现朴素节俭精神的成语有：因陋就简，开源节流，含辛茹苦；格言有：静以修身，俭以养德；一粥一饭，当思来处不易，半丝半缕，恒念物力维艰；诗词有：历览前贤国与家，成由勤俭破由奢；常将有日思无日，莫待无时思有时；等等。

体现廉洁精神的典故有：半鸭知县，一钱太守，二不尚书，三汤道台，四知先生，五代清郎，羊续悬鱼，风月尚书；成语有：一尘不染，两袖清风，淡泊明志，洁身自爱；古语有：吏不畏吾严而畏吾廉，民不服吾能而服吾公，公生明，廉生威；诗赋有：千锤万凿出深山，烈火焚烧若等闲，粉身碎骨浑不怕，要留清白在人间；出淤泥而不染，濯清涟而不妖；等等。

体现尚德乐善精神的成语有：舍己为人，助人为乐，与人为善，成人之美，好善乐施，和衷共济，守望相助；格言有：己所不欲，勿施于人；君子忧道不忧贫；见贤思齐焉，见不贤而内自省也；等等。

体现大无畏精神的格言有：富贵不能淫，贫贱不能移，威武不能屈；三军可夺帅，匹夫不可夺志；宁为玉碎，不为瓦全；大丈夫膝下有黄金；典故有：伯夷、叔齐义不食周粟；苏武牧羊19年，持节而还；颜真卿忠贞爱国，拒降被杀；文天祥不受利诱，宁死不屈；史可法率众抗清，以身殉国；朱自清拒领美粮，病饿而死；等等。

体现求实精神的格言有：知之为知之，不知为不知，是知也；君子耻其言而过其行；读万卷书，行万里路；事莫明于有效，论莫定于有证；修学好古，实事求是；眼见不一定为实，耳听不一定为虚；典故有：李时珍对古书记载的药——调查核实，方写出《本草纲目》；徐霞客不满足于古书对名川大山的记载，从22岁起长途跋涉，历时30多年，足迹遍及大半个中国，最终形成260多万字的《徐霞客游记》，增添了许多古人未知，也纠正了许多古人之误；等等。

体现谦虚精神的格言有：敏而好学，不耻下问；三人行，必有我师；满招损，谦受益；峣峣者易折，皎皎者易污；海不辞水故能成其大，山不辞土故能成起高；成语有：闻过则喜，大智若愚；等等。

体现诚信精神的格言有：仁义礼智信；人而无信不知其可也；言必信，行必果；君子一言，驷马难追；典故有：曾子杀猪，不欺幼童；得黄金百斤，不如得季布一诺；常存抱柱信，岂上望夫台；等等。

体现感恩精神的成语有：知恩图报，恩重如山；格言有：吃水不忘挖井人；滴水之恩当涌泉相报；投之以木桃，报之以琼瑶；羊有跪乳之恩，鸦有反哺之情；士为知己者死，女为悦己者容；诗词有：谁言寸草心，报得三春晖；典故有：伯牙摔琴，以谢知音；等等。

体现好学精神的典故有：韦编三绝，凿壁偷光，囊萤映雪，燃糠自照，牛角挂书，三年不窥园；成语有：开卷有益，手不释卷，学海无涯，学而不厌；诗词有：读书破万卷，下笔如有神；十年窗下无人问，一举成名天下知；等等。

以上这些出自古籍、史书、诗词中的名言、成语、警句，以至神话、寓言中，充分说明所谓中国精神，不仅是中国共产党人在发动和组织群众进行革命、建设、改革过程中塑造的产物，也是对中华民族历史长河中形成的优秀民族精神继承和发扬的结果。

新中国现在已走过了71年历程，已经由过去那个四分五裂、倍受欺辱的落后农业国，一跃成为经济总量位居世界第二的工业大国。但应当看到，我国人均国民生产总值的国际排名还很靠后，发展不平衡、不协调的问题还很突出，城乡、地区、阶层之间的贫富差距还比较明显，距离社会主义高级阶段的路途还很漫长。另外，还应当看到，帝国主义的亡我之心不死，国内外敌对势力、分裂势力仍然无时无刻不在采取各种手段，妄图推翻我们的社会主义制度，颠覆人民民主专政的国家政权，遏制中华民族伟大复兴的前进步伐。因此，我们绝不能满足现状，更不能刀枪入库，而要居安思危，继续奋斗。

要奋斗，当然要有物质力量做基础，但也离不开精神力量的支撑。这个精神不是别的，就是来自中华民族数千年传承并由中国共产党注入了马克思主义思想和革命文化基因的中国精神。历史是文化的载体，文化是精神的土壤。任何一个民族对本民族人文精神的传承，都离不开对历史的正确认知和文化的充分自信。如果一个民族丧失了这些，这个民族就不可能树立起自己的民族精神，就会失魂落魄，直至衰落乃至灭亡。但我们所说的中国精神，并不是一般的民族精神，它首先是一种革命的精神，奋斗的精神。因此传承和发扬中国精神，只把对中华民族历史的正确认知和文化的充分自信作为基础是不够的，还必须有共产主义伟大理想和中国特色社会主义共同理想的引领。

习近平总书记指出："伟大的事业需要伟大精神。"[①]在纪念

---

① 《人民日报》2015年12月31日。

红军长征胜利80周年大会上他又说:"夺取坚持和发展中国特色社会主义伟大事业新进展,夺取推进党的建设新的伟大工程新成效,夺取具有许多新的历史特点的伟大斗争新胜利,我们还有许多'雪山''草地'需要跨越,还有许多'娄山关''腊子口'需要征服,一切贪图安逸、不愿继续开拓前进的想法都是要不得的。"他强调:"长征永远在路上。一个不记得来路的民族,是没有出路的民族。不论我们的事业发展到哪一步,不论我们取得了多大成就,我们都要大力弘扬伟大长征精神,在新的长征路上继续奋勇前进。"[1] 他的这一席话,是对我们为什么要传承弘扬中国精神的最深刻最清晰的阐述。

2021年我们将迎来中国共产党建党100周年,我国刚好处于"两个一百年"奋斗目标的历史交汇点。在这个大背景下,更加需要用伟大的中国精神,鼓舞人们继续为实现全面建设社会主义现代化国家的战略任务而奋斗。无数革命前辈为了民族的独立、富强,抛头颅,洒热血,为我们换来了人民当家做主的新中国,也为我们塑造出了具有丰富内涵和无限活力的中国精神,留下了数不尽的宝贵精神财富。我们的责任就是把它们继承下来,在为中华民族伟大复兴奋斗的事业中不断发扬光大,并且不断将它们转

---

[1] 《十八大以来重要文献选编》(下),中央文献出版社2018年版,第397页。

化为新的巨大物质力量。只有这样,我们才不愧对革命前辈,才称得上是中华民族的优秀子孙。

2020 年 12 月 10 日

目录

CONTENTS

第一章　英雄来临前的黎明
第一节　政策大调整　　002
第二节　好钢用在刀刃上　　006

第二章　心里唯独没有他自己
——牢记宗旨、心系群众的公仆精神
第一节　劝阻办一定要撤销　　012
第二节　调研路上救孩子　　018
第三节　免征小盐税　　023
第四节　两个还愿的　　027

第三章　敢教日月换新天
——勤俭节约、艰苦创业的奋斗精神
第一节　县委制碱厂　　034
第二节　垃圾坑变集宝盆　　039
第三节　泡桐大战　　044
第四节　为沙丘贴上膏药　　049

第四章　别人嚼过的馍没味道
　　——实事求是、调查研究的求实精神

第一节　播种用空耧　　056

第二节　带孩子郊游　　061

第三节　懒汉福贵立大功　　065

第四节　在煤栈"微服私访"　　070

第五章　干部不领水牛都要掉井
　　——不怕困难、不惧风险的大无畏精神

第一节　干部动员会上看鱼　　076

第二节　跨县治水　　081

第三节　小片包荒　　087

第四节　用砖窑救灾　　092

第六章　干部的字典里不能有特权
　　——廉洁奉公、勤政为民的奉献精神

第一节　一件棉大衣　　098

第二节　处分老洪	103
第三节　"看白戏"	108
第四节　守凤找工作	113

第七章　把评判交给历史

第一节　一场特殊的报告会	120
第二节　倡议书	123
第三节　干部《十不准》与《中央八项规定》	127
第四节　追寻中国共产党人永远的精神路标	131

参考书目 139

第一章

英雄来临前的黎明

第一节
政策大调整

1958年，轰轰烈烈的"大跃进"在全国拉开序幕，河南成为"大跃进"的急先锋。在这种情况下，河南的形势变得异常严峻，因为农业产量虚报，国家的征购任务就奇高，最后的结果是广大农村群众的生活变得尤其艰难。七千人大会开完后，中央开始系统地纠正"左"倾的错误，河南也开始了大规模的政策调整。河南因为大炼钢铁，农业大伤元气，农业的危险状况甚至高于1949年以前，政策调整也要抓重点，河南的问题因农业而起，政策调整必然也要以农业为中心。

河南农业调整的一条路子是要厘清人民公社的所有制和分配关系。按照以前对社会主义的僵化理解，人民群众是不能有任何私有财产的，口粮由生产队分配，社员的作息时间由领导安排。生产队每年生产的粮食，与每个社员基本没有关系，而由上级随意支配。这种做法极大地挫伤了社员的劳动积极性，他们多劳却不能多得，久而久之，劳动效率和劳动质量就会大幅下滑，最后大家一起饿肚子。

现在政策调整的第一条就是把所有权和管理权还给生产队。生产队不仅可以自由选择农作物的品种，还可以自由安排劳动时间，生产的成果由全队共享，任何上级部门不能无偿征调物资，要拿物资必须给钱。

第二条调整就要坚决退赔。以前上级部门实行"一平二调"，对于生产富余的大队物资实行征调，将物资赠送给其他落后的大队，保证整个地区统一的生活水平，不能有的太富，有的太穷。领导认为这样做，可以保证无处不均匀、无处不饱暖，真正体现了社会主义的公平原则。殊不知这样做，恰好是更大的不公平，所有的物资都是劳动的结果，每个地区的人员素质和自然条件都不一样，而生活水平却要强行统一，这对那些付出更多汗水的大队社员，也是一种变相的打击。

现在的做法是以前征调出去的物资一定要想办法退回来，因为现在哪里都不富裕，只有把东西退回给社员，大家才会有信心再干下去。搞生产最怕寒了心，一寒心就没有了前进的动力，还怎么恢复农业的元气呢？

第三条要降低征购指标，减轻农民的负担。城市需要粮食，北京、上海的库存相当紧张，但农村也好不到哪里去，一样面临着没饭吃的困境。不能剜肉补疮，用牺牲农民的利益和生存权来保证城市居民的粮食安全。减少对农村的征购，城市的吃饭问题就只能省之又省，把所有的工业用粮压缩下来。在困难时期，著名白酒品牌茅台都一度濒临停产。

　　第四条路子是精简和节约劳动力，大规模充实农业生产第一线。"大跃进"时期，工业大批上马，工业需要工人，于是就不停地在农村招工，农村人也踊跃报名，因为在那个时代，招工几乎是农村人转为城市人的唯一渠道。靠升学，农村上学的孩子本来就少，能考上大学的更是凤毛麟角。靠当兵，大批部队指战员都面临复员，农村人能被征兵是一项难得的殊荣。

　　招工的规模越来越大，终于城市不堪重负，因为招来的人是要吃饭的。一个精壮劳动力在农村不但可以养活自己，还能养活家人，在城市却要国家来养活，这一减一增，国家自然扛不住。现在要调整农业，首先要充实人力资源，把招走的工人退回农村去，对工人本人而言也是求之不得了，以前以为当了城里人，能过上好生活，不承想，在城市吃饭问题更突出。把工人退回农村，不但可以节约城市的粮食开支，还能促进农业发展。

　　第五条路子就是提高农产品的收购价格。在这之前的国家政策中，农业只是为了辅助工业而存在，要发展重工业，在国家资金紧张的情况下，要获得大量的农业原材料，只能靠征调和低价购买。生产的机械产品返销给农村则是高昂的价格，这个剪刀差成为重工业的资金来源。这种扼杀农业来催生重工业的做法来自苏联的经验，是在困难条件下要改变国家面貌的权宜之计，但这种政策严重伤害了农民的利益。

在农业元气大伤的情况下，提高农产品价格，也是等于在减少或者限制对农民利益的伤害，有利于改善农村的紧张形势。提高农产品价格的另外一个好处是可以压缩城市的消费规模，虽然涨价也会影响到城市居民的生活水平，但总体来讲，确实可以减少一些不必要的浪费和一些不理性消费，比如饼干涨价了，大家买不起，可以买大米，尽可能买一些便宜的粗加工食品，这本身也是一种节约导向，有利于减轻城市粮食供应的负担。

河南在"大跃进"中"表现突出"，在"调整、巩固、充实、提高"的政策落实中，也力度惊人，不但敢于承认错误，更勇于纠正错误，正是这种富有成效的大调整，才有了国民经济的大恢复。

第二节
好钢用在刀刃上

　　1962年底,河南省开封地委决定对兰考县委进行干部调整,兰考县是河南省100多个县中最出名的,出名的原因不是富裕,恰恰相反,是因为贫穷,贫穷得相当彻底,还充斥着顽固和坚决。1962年兰考县的粮食产量居然低于1949年,中华人民共和国成立后十多年的奋斗,人民群众的吃饭问题如此严重。因为贫穷,兰考县每年外出乞讨的人群络绎不绝,在省会郑州的大街上,有人做过统计,街上的乞丐十之七八是兰考人。

　　20世纪60年代的河南省,遭遇了非常严重的自然灾害,全省几乎没有一方净土,而兰考尤甚。盐碱、风沙、洪涝这三大灾害,在兰考的表现尤为突出。河南省委一直非常关心兰考的情况,开封地委自然也无比重视,要改变兰考的现状,首先保证要有一个强大的县委班子,换句话说,必须有一个强大的县委书记。基于这种认识，开封地委对兰考县委书记的人选一直举棋不定，要调整干部，必须配备一个最强大的干部，他不仅要有力挽狂澜的决心和能力，还要有扶危济困的侠骨仁心，更要有崇高的威信和人格魅力，能够与当地干部群众打成一片，同时必须立场坚定，忠于组织，绝对服从地委的指示。要找这样的干部，事先画好了脸谱，这又谈何容易？

果不其然，地委书记张申拿到地委组织部提供的一份备选名单，按照名单逐个谈话，发现这些拟任名单中的人，个个都不合适，有的人怀有侥幸心理，对兰考并无太大的想法，以张书记的慧眼怎么会看不明白？有的人是被举荐，本身并没有做好思想准备，一听说去兰考，面露难色，这样的干部，犹如赶着鸭子上架，去了能有什么作为？选择县委书记可不能赶着鸭子上架，这种事勉强不来，勉强只会坏事；同时也绝不能通融人情，抱着投机目的去的人，兰考的状况只会越来越糟。兰考的新任县委书记必须有强烈的历史责任感和使命感，要有肩负一方百姓安危的雄心壮志和热血情怀。

突然有一个人的名字在张申脑中灵光一闪，那就是尉氏县委副书记焦裕禄。焦裕禄是张书记的老部下，对这个同志还是比较了解的。从焦裕禄的干部履历来看，他是个能挑大梁的角色，而且此时刚好40岁，正是年富力强的年纪。

焦裕禄1946年入党，1948年，他才26岁，就担任尉氏县大营区区长，在大营领导剿匪反霸，成绩卓越。1952年，30岁的他担任共青团河南省陈留专署委员会副书记，很快又担任共青团河南省郑州市委副书记，做团的工作也是一把好手。1953年，31岁的焦裕禄被选调到洛阳矿山机械厂，任基建科副科长，中途参加进修，拿到哈尔滨工业大学的本科班通知书，但接到厂里的通知，二话没说中断了学业，回到洛阳。1956年担任洛阳矿山机械厂第一金工车间主任，两年时间内，让第一金工车间成为全厂的模范车间。

1961年，39岁的焦裕禄被提拔为调度科科长，主管全厂的生产工作，在洛阳机械厂，焦裕禄干了差不多9年，一个年轻的团委干部成长为一个能吃苦攻坚的业务型领导，在洛阳机械厂，焦裕禄的大名无人不知，他的吃苦精神和严谨作风深受厂领导和群众的好评。正是在这时，张申也听说了焦裕禄的才干，出于培养干部的考虑，将焦裕禄从洛阳机械厂调出，任命为尉氏县委副书记。

在尉氏县，焦裕禄也干得风生水起，金子在哪里都会发光，好的干部在哪里也会有成绩。焦裕禄在尉氏县主抓农业生产，尉氏县的农业就恢复得比其他地区更快。地委书记张申看在眼里、喜在心头，看来这个安排是恰当的，好干部就要放在合适的位置上，让他尽可能地发挥自己的才华。

兰考是一副烂摊子，需要配备最强的干部，好钢要用在刀刃上，但问题是焦裕禄在尉氏县干得好好的，突然调到兰考，会不会"水土不服"？干部正在成长中，突然加一个天大的重担，会不会把他压垮？干部一垮，可能就毁了他一辈子，如果这样，那就是揠苗助长，没有达到培养干部的目的，反而毁掉了一个优秀干部。焦裕禄是一个年轻的后备干部，绝对要慎重使用，干部是国家的财富，作为地委书记，更要管理好每一笔财富。

但话说又回来，干部就应该在困难的条件下接受锻炼，只有在艰苦的环境中，才能打造最优秀的干部，干部的自身能力和水平才会进步更快。也许把焦裕禄调到兰考，不管是对地委，还是对他本人都是一个最好的安排。不管怎么样，先看看他本人的意见。就这样，焦裕禄从尉氏县风尘仆仆地赶到张申的办公室，在听到组织决定的那一刻，他毫不迟疑地表示："一切服从组织安排，越是困难越是磨炼人，请地委放心，不改变兰考的面貌，绝不离开！"听到焦裕禄郑重的承诺，张书记露出了欣慰的笑容，更加坚定了对这次人事调整的信心。看着焦裕禄瘦削的脸庞，作为上级领导的张申百感交集。这次干部调动，名义上是提拔，但其实也是考验，是一场异常艰巨的考验，不但考验政治素养，更考验个人意志，同时考验一个干部是否对党忠诚、对人民负责。

焦裕禄做决定从不考虑个人私利，始终把党和人民的利益看得高于自己的生命，这样的干部主政兰考，工作上大可放心，但身体上是否吃得消却是未知数，作为组织，是否也应该三思而行呢？张申书记陷入了沉思之中。数十年后，提到当年的安排，张书记颇有悔意，但如果没有当年的安排，又岂会有后来的焦裕禄？

第二章

心里唯独没有他自己

——牢记宗旨、心系群众的公仆精神

第一节
劝阻办一定要撤销

1962年12月的一天早晨，天灰蒙蒙的，凛冽的北风吹得人眼睛也睁不开，脸上如同被刀割，这真是一个不宜出行的日子。在从尉氏县到兰考的公路上，一辆笨重的骡车上载着新上任的兰考县委书记焦裕禄。县委书记坐着骡车上任，这可是件新鲜事。按道理讲，20世纪60年代的中国相对交通落后、设备匮乏，但对于一个县委书记，安排一辆吉普车倒真没多大问题。焦裕禄谢绝了组织的照顾，决定坐公交赴任，但无奈公交车坏在了半路上，新上任的书记只好赶上老乡的骡车，好不狼狈。一路上坐着颠簸的骡车却和赶车的大爷聊得不亦乐乎，聊着兰考的前世今生，聊着乡亲的家长里短，总之一个字，"苦"啊。当地谚语说："旱了给人熬碱，涝了给人撑船。不淹不旱要饭，死了席子一卷。"为啥？兰考风沙大，盐碱地，庄稼全歉收，水灾旱灾经常来，一年到头尽瞎忙，这是老天留给人们的一块绝地。

焦裕禄仔细地听着大爷的介绍，眉头紧锁成一条线。说着说着，突然前方一片嘈杂，焦裕禄探头望去，只见密密麻麻的一条人龙，有的推着独轮车，有的背着大包袱，有的还抱着孩子，携老扶幼一大群，哭声和吵闹声此起彼伏。看着这群人，满脸菜色，衣衫褴褛，还有一些干部模样的人骑着自行车挡在队伍的最前面，大声地说着什么。焦裕禄问大爷，这是怎么回事，大爷说，还能有什么事？就是大家要去逃荒，领导干部不让呗。

领导干部阻止群众逃荒，这是焦裕禄从来没有面临过的问题，政府的做法到底是否合理合法，须经过周密调查才能确定。从大爷的介绍中，整个事情的原委慢慢浮出水面。兰考的逃荒全国有名，每年几十万人出去讨饭，近的跑到洛阳、开封，远的跑到陕西、山西，甚至还有跑到甘肃的，城市大街上的叫花子随便一问，十有八九是兰考口音，领导脸上无光，何况这些人也给外地的政府添麻烦，当地政府意见很大。

听完大爷的介绍，焦裕禄从车上一跃而下，跑到队伍的跟前，近距离观察情况。只见一个领导模样的中年人站在自行车的后座上对群众大声地训话，他首先自报家门，说是县委办主任，然后动员群众回家，理由是做盲流不安全，没有组织安排，在外没有生活保障，吃住问题难解决，更何况盲流会给兰考抹黑，影响政府形象，也影响自身形象。他的动员还没有结束，演讲就被群众打断，一个黑脸汉子用最粗俗的话予以反驳，他的理由似乎更加不容置疑，群众家里早已断粮，留在家中不仅仅是生活没有保障，可以直接认为是等死，在生死关头，谁还能去在乎形象？在死亡的威胁下，这一切都显得微不足道。逃荒是必须的，政府规劝是没有任何意义的，如果强行制止，所有群众将不惜以身犯险。强制群众不得逃荒是没有任何结果的，而规劝必须是建立在能解决实际问题的基础上，否则规劝在群众看来，不但显得苍白无力。

县委办主任大声疾呼，向群众许诺，国家的救济粮即将到达，希望群众耐心等待，但他的呼吁并没有得到群众的热烈回应，相反还引来一片嘲讽，看来这种许诺早已没有半点效果，政府的公信力在此刻等于零。在任何时候，国家干部对群众做出承诺，一定要言必行、行必果，干群关系容不得半点欺骗，无论是恶意的还是善意的。失去了群众的信任，政府的任何方针政策要想推行，都必将举步维艰。失去群众的信任有时只需要一句谎话，而重新建立信任关系，则需要无数次对诺言的坚守。

最具戏剧性的是，在逃荒的大军中，还有不少干部的家属，甚至还有基层干部，焦裕禄明白了这一切，一年的天灾人祸折腾得大家饥寒交迫，逃荒已经成为生存下去的唯一出路。谁都知道逃荒不好，丢人丢脸，可命都顾不上了，谁还在乎脸？组

第二章
心里唯独没有他自己——牢记宗旨、心系群众的公仆精神

织的救济什么时候能下来，谁也说不清楚，眼下全国都不富裕。

焦裕禄迈着沉重的脚步走向县委劝阻办主任，告知了自己的身份，并立即下达了上任以来的第一个指示：命令县委劝阻办的干部放弃动员，让群众自由离去。下属们虽然不理解，但还是马上执行了。很多人甚至担心，如此决策，轻易地改变上一届县委的既定方针，似乎不太妥当，有可能犯政治错误。本着关心领导的想法，有人规劝焦裕禄，提出这个指示能否到县委研究后再说，凡事要三思而后行。

这些规劝或许是出于爱护领导的好心，但对于焦裕禄这样一个一心为民的领导干部而言，这些担心是多余的，因为他做决策从没有把自身官位和前途考虑在内，人民群众的利益是他做出一切行为的出发点和落脚点。从当前的情况下，允许群众逃荒就是建立在真诚尊重群众利益的基础上，而不允许逃荒则是出于领导干部自身利益的考虑，对于焦裕禄这样一个纯粹的干部，内心坦荡，不计得失，横在队伍前面的几辆自行车相继让出了道路，拖儿带女的人群开始向前移动，看着一位头发花白的老人，焦裕禄脱下了自己身上的大衣，披在了老人的身上，嘱咐老人一路保重。又看到一位妇女抱着还在吃奶的孩子，焦书记掏出身上仅有的二十块钱塞到女人的手上。

回到县委办，已经到中午，焦裕禄却吃不下饭，宣布立即召开县委常委会，讨论逃荒的事情。会议上焦裕禄首先发言，他提

出了一些令人振聋发聩的新观点，让与会同志们明显感到了新的县委书记不一样的地方。焦裕禄认为逃荒事件的发生，责任不在群众，而在县委，从良心上讲，县委实在对不起广大群众，在县委的领导下，群众要去讨饭才能维持生存，这恰恰是我们兰考县委的"耻辱"。眼下迫切要做的事情就是立即撤销劝阻办。

虽然焦裕禄的陈词极具感情，引起很多干部的共鸣，但还是有一些不同的论调，会上一位常委提出反对意见，他认为县委劝阻办的职能在于减少盲流，盲流在省内省外都造成了恶劣的影响，为此地委和省委多次批评过，如果撤销劝阻办，盲流的规模就会迅速扩大，到时候上级组织追究下来，责任不小，兰考县委的决策调整决不能不考虑政治影响，不考虑整个大局。群众困难可以克服，基层组织却不能以邻为壑，给其他地方政府制造麻烦。何况有部分群众是随潮流而动，并非生活艰难到无法维持的地步，县委应该以更加积极的态度来做好群众工作，而不是不负责任的撒手不管，任由群众无组织无纪律地自发行动，如果县委在管理和教育群众上缺位，那是一种不作为，说严重些就是渎职，将来出现事故，整个县委领导班子脱不开关系。

这位常委的话说得也不无道理，立即引起会场不小的波澜，很多领导同志也随之附和。在关键时刻，焦裕禄顶住了压力，仍然初衷不改，坚持正确的意见，但同时也继续对班子成员阐述他的理由。相对于那位常委的意见，焦裕禄有更充分、更透彻的见解。他认为盲流之所以出现恰恰证明县委的工作没有做好，对群众的生活关心不够，劝阻的做法是堵，事实证明堵不是办法，不但激化了矛盾，而且最重要的是，在当前条件下县委也没有解决困难的物质条件，这是非常现实的问题。在没有解决问题的前提下，强制群众不得流动，实际上制造了人道主义灾难。群众利益和组织利益本不应该是对立的，目前出现对立的局面，责任在组织而不在群众，对群众意愿不能"堵"，而应该"疏"，群众生存困难靠堵是不行的，日后必须生产自救，但眼下只能放大家走，不然有人饿死在家里，那就不光是负责任的事儿，而是犯罪。

县委撤销劝阻办，把所有的精力用于发展生产，开展救济和自救，把群众的生活照顾好，这才是解决问题的釜底抽薪之策。作为共产党领导下的人民政府，把群众利益放在第一位，把眼前突出的困难解决好，不奢谈政治意义和远景目标，踏实地做好当下，这才是务实的工作态度，才是真正践行为人民服务的宗旨。如果真的追究领导责任，县委第一书记负全责。

焦裕禄一番掷地有声的话，众常委低下了头，在压抑的气氛中，大家一致通过了撤销县委劝阻办的决议，这是焦裕禄上任后的第一个县委决议。人命关天，群众的生命高于任何荣誉和纪律，保护群众的生存权，尊重群众的意愿，就是最大的政治责任。

第二节
调研路上救孩子

　　焦书记又要下乡，去的地方叫张君墓公社，离县城足足有八十多里，出发前秘书建议能不能乘坐吉普车，因为这次的距离实在太远。焦书记摆了摆手拒绝了，理由是整个县委就这一辆公车，应该尽量让给那些年老多病的同志。骑自行车调研，虽然累点慢点，但就是因为慢，才能随时随地地察看沿途情况，吉普车一坐，一路灰尘呼啸而过，和群众怎么拉近距离？表面上看，吉普车有效率，实际上最没有效果，架子太吓人，群众怎么敢讲真话？

　　就这样，兰考县的县委第一书记，吉普车成了摆设，自行车倒成了必不可少的代步工具，一个月下来要修上好几回。

　　焦裕禄骑着那辆破旧的自行车上路了，身边就带着秘书李林，看着沿路的庄稼，不时还要下地看看长势，遇到劳动的群众还要停下来聊一聊，就这样一路走走停停，路没有走多远，笔记倒写了不少，这些第一手的素材，都是焦书记在县委会议上发言的凭据，说到公社的情况，焦书记比公社队长还要熟悉，这种绝活让人不服不行。没多久，他们一行走到了葡萄架公社，不巧天下起了大雨，焦裕禄把唯一的一件雨衣拿出来，强迫秘书穿上，自己在雨水中悠然自得。领导淋着大雨，下属却穿着雨衣，这在任何时代都不可想象，焦裕禄却视为当然，在他心中，没有级别和职务高低，只有推己及人、先人后己。

他们在雨中骑行，路口遇到一对年轻的夫妇，男的抱着一个箩筐，女的跟在后面边哭边骂，箩筐中似乎还有一个孩子。女人大声地咒骂着男人，似乎要男人停下，但男人默不作声只顾向前冲，全然不顾大雨淋漓，焦书记见状一把揪住了男人的领口，男人被拦下，女人赶了上来，抱着箩筐号啕大哭，男人也跟着涕泪横流。原来箩筐中的孩子是他们刚满一周岁的儿子，在家生了病，一连几天高烧不退，可是父母又没有钱医治，等到今天早上，孩子已经只有出的气没有进的气，浑身冰凉，恐怕已经夭折了。父亲决定把孩子拿出去丢掉，可是孩子是母亲的心头肉，又怎么能忍心呢？于是一路哭闹到村外。

焦裕禄大声质问男人，希望听到合理的解释。听到陌生人的责问，男人也忍不住放声大哭，一个高高大大的壮汉哭着蹲在地上。其实男人也不忍心丢掉儿子，但穷人家的孩子命贱，生病了没钱治，孩子死了传统的做法都是拿着箩筐背出去扔掉，而且还要埋在大路口，迷信的说法是孩子是讨债鬼，大人含辛茹苦地养着他，他却不能长大成人孝敬父母，白白糟蹋家里的粮食。讨债鬼是父母前世欠下的债，今生来讨债，一直讨到父母家破人亡。孩子死后埋在路口，是希望讨债鬼能顺着大路走远些，永远不要再回来。

在恶劣的生存环境中，人们对夭折的婴儿表现出深深的"恨意"，生前百般宠爱，死后箩筐一扔，表面上是恨死去的孩子不能养老送终，其实朴实的人们是恨自己没有能力，让孩子跟着受委屈了，希望孩子死后再投胎，能投向别处，这种"恨"，一些社会学家简单地理解为愚昧，但其实恰恰是一种无奈之下的大仁和大爱。

焦书记看着箩筐中的孩子，摸摸他的脸，又试试他的气息，却发现孩子并没有死，还有微弱的呼吸，马上喊起蹲在地上哭泣的汉子，交代他骑自己的自行车，赶快送孩子去县医院，就说挂焦书记的账。哭泣的汉子带着儿子，骑着焦裕禄的公务自行车，急急忙忙地向医院赶去，女人坐在后座上，孩子披着焦裕禄的雨衣。

夫妇两人带着孩子冲进县医院，医院的医生和护士早已经接到了通知等在这里，原来焦书记走到前面的公社还不放心，特意亲自打了一个电话给县医院，指示院长全力抢救孩子。第

第二章
心里唯独没有他自己——牢记宗旨、心系群众的公仆精神

二天一早，下乡回来的焦裕禄出现在孩子的病房中，经过一夜的抢救，孩子基本没有大碍，正在愉快地玩着小皮球。医生说孩子其实没有大病，也就是急性感冒，长期没有医治以致休克了，幸亏送得及时，不然孩子肯定没了。在缺医少药、物质匮乏的时代，贫苦的孩子一场感冒可能就会丢掉性命，自古以来都说："穷娃穷病，干草包腔，箩筐一背，村外一横。"并不是人们习惯冷漠，对生命缺乏尊重和敬畏，而是恶劣的生活环境逼迫着大家，为了生活能继续，就要忍痛舍弃。

孩子叫张徐州，之所以取这个名字，是因为孩子的父母逃荒到徐州，在大野地里生下了他，在逃荒的路上生孩子，连基本的温饱都难以解决，更别谈营养和卫生，在没有任何医疗的条件中，小徐州能坚强地活下来，又一路随父母回到兰考，已经是一个奇迹。这次生病，父母差不多已经绝望，在准备放弃的时候天降贵人焦书记，从黄泉路上把孩子拉了回来。

在广大农村地区，很多群众有着朴素的观念，领导干部如果关心群众，心中时刻牵挂群众，能为群众解决实际困难，那就是老百姓的贵人，能遇到贵人相助，那简直是前世修来的福气。从这个意义上来看，焦裕禄的确是张徐州父子的贵人，焦裕禄的一个简单举动，对于他们父子而言，恩同再造。由此可见，在关乎群众利益的时刻，是视而不见，还是积极作为，对于领导干部而言只是一念之间，但对于群众，其结果和影响不

霄天壤之别。领导干部急群众之所急，想群众之所想，践行群众路线，不是空洞的说教，不是高深的理论，而是实实在在的行动，行动胜于一切雄辩，群众对党的感情和看法完全取决于一个个可能微不足道的具体行动。

一年后焦裕禄去世，河南省委决定把焦裕禄的灵柩从郑州迁葬兰考。这天，父母抱着已经3岁的张徐州，在焦裕禄的墓前痛哭不止，并长跪不起，孩子这条命是焦书记给的，不能不把这个恩情铭记终生，父母给孩子改了名字，叫张继焦，希望孩子能继承焦书记的遗志和精神，终生为人民服务，为兰考的改变和建设服务。

几十年后张继焦成为兰考县焦裕禄烈士陵园管理处副主任，替焦裕禄终身守陵，每当被记者问到这段往事，老人都忍不住老泪纵横。"其实，'继焦'的人很多，何止我一个。"张继焦一声长叹！

第三节
免征小盐税

锁龙潭改造是一项大工程，只要工程竣工，兰考就可以免受洪涝灾害的威胁，焦裕禄身先士卒在工地上干得热火朝天，突然寨子村的妇女主任刘秀芝急急忙忙地赶过来，原来公社的社员和县税务局的几名干部闹起来了，要焦书记去看一看。兰考是一个穷地方，自古如此，老百姓在地里刨食，连温饱都解决不了，手里更是没有一个活钱，没有钱就意味着大家的吃穿用住全都要靠自己，吃自己种的地瓜干子，穿自己纺织的土布衣服，脚上蹬着自己婆姨做的布鞋，更穷的只好打草鞋穿，住自己搭建的茅草屋，所有的生产资料和生活资料几乎都是自己因陋就简地搞定，纯粹的自然经济。

可是还有一个过日子必需的东西，兰考人没有办法自己生产，那就是盐，兰考不靠海，不能生产盐，也没有钱来买供销社的盐，可是人不能不吃盐。贫苦的人们发现，真是天无绝人之路，兰考的"三害"之一，盐碱地上唯一的好处就是能用泥巴熬盐。大家到盐碱滩上去刮盐土，回来放在大缸里，加上水过滤，水就把泥土里的盐溶解了，把这些水漏出来晒，留在地上的一层白垢就是土盐，这些夹杂着灰尘的土盐吃起来又苦又涩，但总算有点咸味，具备了盐的功能。用泥巴熬土盐，实在是兰考人民的一大发明，就是依赖这个土发明，在手里没有一个活钱的时期，勉强能解决穷人的吃盐问题。

问题就出在这里，用土法熬盐吃，这在税务干部的眼中是一个产业，自给自足也是产业吗？当然是，因为有的人技术好，熬的盐多了些，自己吃不完，他会用自己熬的土盐和别人交换一点别的物资，这已经具备了交易的性质，而所有的交易行为，甚至那些纯粹只是满足自用的生产行为，只要具备了一点点规模，就必须交税。当时税务政策规定的税种很多，比如适用于广大农村的特产税，但全国各地的物产各不相同，对于兰考的土盐到底应不应该收税，税法里没有明确。

税务干部和村民闹腾起来，村民觉得委屈至极，税务局的干部也气愤难平，正在大家争论得不可开交之际，一个七十多岁的老人突然大声说出了不纳税的权威依据，十年前毛主席亲口对他做过承诺，兰考小盐税不必纳。年轻的税务干部不依不饶，不予承认，因为这样的话不可能没有记录，这么大的事情，要有文件依据，老人的依据明显有说谎的嫌疑，把毛主席搬出来阻挠税务工作，这个事情可大可小。

焦裕禄听到这里忍不住了，他走到那个年轻干部面前，示意制止纠纷，提出让老人把故事讲完。老人开始绘声绘色地讲起毛主席巡视黄河的故事。1952年10月，毛主席来看黄河，大清早出来散步，走着走着就进了黄河边上的大爷家里，当时大爷和老伴都不知道这是毛主席。毛主席看到院子里几个破锅烂盆，就问大爷，这里面究竟晒的是啥？大爷就回答家里没有盐吃，从泥巴里熬点土盐，可就是这点土盐，还要纳税呢。毛主席当场就表态，以后就不用纳税了，说完就走了。毛主席走后，村里的干部跑来告诉大爷，说刚才那个人是毛主席，大爷仔细一想，真的和墙上画像一模一样。这就是毛主席不让纳税的依据。

税务局的几位干部听完大爷的故事，将信将疑，但焦裕禄听得津津有味，并不时附和老人的看法，甚至还亲自佐证，说这个故事自己刚来兰考就听说过，县委书记相信老人的话，其他人也不好说什么。焦裕禄为了说服大家，继续跟着老人的思路走，说当时毛主席没有忘记对一位农民的承诺，当天回来后就同地方干部商量过，要免征兰考的小盐税。怪就怪县委没有落实毛主席的指示，县委的工作有失误，责任在县委，毛主席这么忙，都还记得老百姓油盐的小事，作为地方干部，更应该关心群众的疾苦，小盐税问题，回头县委开会解决。

听完焦书记的话，几个税务干部骑着自行车就走了，整个场院的群众一片欢呼。事后大家才知道，毛主席来兰考这事确实存在，但有没有说免征小盐税，焦书记自己也不知道。大爷的故事虽然活灵活现，但其实并没有什么依据，毛主席巡视黄河不可能是一个人，更不可能随随便便就进了大爷的家门，毛主席表态之后不可能没有报道和记录，更不可能没有文件，如果真的表态了，当时的兰考县委不可能不去执行，所以这个故事多半就是谣传，但焦书记却不忍心去揭穿。

毛主席关心群众疾苦，这是广大人民心中铁的印象，也是共产党人宗旨的体现，群众之所以信任组织，就是因为有这些动人的故事在前面铺垫，每一个党员干部如果都能像毛主席一样关心群众、爱护群众、心中时刻装着群众，兰考暂时的困难又算得了什么？在焦裕禄心中，毛主席免征小盐税的故事是否真实完全没有关系，因为这是一位县委应该做的事。

关心群众、理解群众、尊重群众，永远是共产党的根本立场。

第四节
两个还愿的

焦书记和秘书李林又出发了。下乡是焦书记的主要工作方式，只要县委的书记办公室没有人，基本上就可以确定，焦书记要么在乡下，要么就在去乡下的路上。一些人不理解，堂堂县委书记，有很多重要的工作要处理，一天到晚往乡下跑，这算怎么回事啊？书记是一县之主，应该天天坐在办公室批文件，召集众常委开会，那才是正道啊，为将者，运筹帷幄之中，决胜千里之外，一些琐事交给下属去处理，把宝贵的精力用来思考大事才对啊，要调查情况，县委有的是"千里眼""顺风耳"，何必辛苦跑一趟，多没有效率？整天忙于杂事，还怎么举重若轻啊，这么做领导，不累死才怪。

焦书记对这些看法也有耳闻，但他就是坚决不改正。在他的意识中，多下基层总是没有错的。什么是大事？一个县委能有什么大事？无非是群众的生活，我们做的一切都是为了改善群众的生活，或是为了改善目前的生活，或是为了改善明天的生活，仅此而已。一些人总是自我膨胀，以为县委书记要做多大的决策，要怎样改变战略，要怎么谋划政治、改造世界，最后只是空谈而已，这样的领导群众又怎么会喜欢？

你今天批了一个条子，改善了一个群众或是一批群众的生活，那就是功德一件，还要奢谈什么大事？作为领导，在职权范围之内，为群众提供了一点便利，那就是政绩，还奢谈什么千秋伟业？县委书记是一个群众服务员而已，明白了这一点，就能知道，经常下乡看看，了解服务对象的需求和困难有多么的重要。一个县委书记，天天在谋划大事，美其名曰运筹帷幄、举重若轻，这绝对是一个危险的现象。最后大事干不成，小事也没有干，只能在文山会海中虚度。

焦书记又卷着铺盖下乡了，和秘书李林一起骑着自行车赶往柳林铺大队，这个村子他们从来没有去过，对于群众他们完全是生面孔，这样最好，这样才能了解到最真实的情况。这次下乡的主要目的是调查小片开荒的情况。小片开荒是兰考县委制定生产自救的重要政策，把小片的荒地包给群众，集体和个人三七开，个人占多数，为的就是提高群众的生产积极性。在沿途看到的都是大家在热火朝天地耕田翻地，这种劳作的热情大大超过了平时的集体出工，可以看出群众对小片包荒政策是真诚拥护的,也可以想象,在几个月后的秋收中,这些边角荒地可以发挥出极大的效果,为群众提供重要的口粮补充,这可比等待救济来得方便和实在得多。

焦书记愉快地哼着歌,把自行车骑得飞快。突然他停在了一个地头边,只见一个六七十岁的老太太和一个八九岁的小男孩正在吃力地翻地,他们没有牲口,用绳子绑着犁,然后扛在肩上拉。这种用人耕田的做法在兰考并不稀奇,因为饲料缺乏,每个大队的耕牛都很少,三年困难时期,又饿死了不少牲口,剩下的牲口都是集体的宝贝,在公社的大田上还要谨慎使用,这种小片开荒,只能靠人力。但别人家开荒都是年轻力壮的硬劳力,下死力勉强能对付,这祖孙俩一个年老体衰,一个还在上小学的年龄,怎么应付得了?老太太走三步就要歇一会儿,小男孩干咬牙,犁却纹丝不动。

看到祖孙俩犁田,焦书记想起了自己的母亲,当年他被日本人抓到东北挖煤,母亲也是和大侄子守忠相依为命,犁田的事可没少干,不也是这样苦吗?看着看着眼睛就湿润了。焦书记走到老太太跟前,说自己是从山东来的雇工,要为老人帮工。老太太迟疑了,因为她没有钱付工钱。但焦裕禄马上提出不要钱,只要管饭就行。但老人还是担心,因为她家连待客的饭菜都拿不出来。为了彻底打消老人的顾虑,焦裕禄编了一个故事,说自己是来还愿的,自己是山东人,以前在河南被人救过命,为了感谢这边的乡亲们，出来帮工还愿，只干活，不挑食。

就这样，焦书记做起了拉犁的牛，秘书小林帮忙下种，二人耕得又快又好，明眼人一瞧就知道，焦书记是个种田的好把式，以前农活可没少干。中午回到老太太家，一起吃百家干粮，这些已经长满绿毛的窝窝头，焦书记吃得津津有味。祖孙俩命苦啊，老太太的儿子前几年生病死了，媳妇改嫁了，就剩下一老一小。在大队挣口粮不容易，总是不够吃，每年都是逃荒的"先进典型"，这些百家干粮就是祖孙俩要饭要回来的。所谓百家干粮，就是把别人给的剩饭晒干，就变成了干粮，带回来在家吃。在兰考，逃荒不稀奇，并且每个逃荒的人回来时都会带些百家干粮，作为家中口粮的补充，这讨百家干粮已经成为兰考人的副业。

吃完饭，焦书记和秘书继续留下来帮工，一直忙到天黑，总算把老人家的小片荒地都种完了。回到老人家，已经是繁星满天，吃完百家干粮，焦书记就在老人的空牛棚中扎了两捆稻草，做了一个简易的床，和秘书小林躺下就睡着了。第二天一大早，大队书记就赶到了老人家，问焦书记在哪儿？老人根本就不知道什么焦书记，只知道两个帮工的好心人。跑到牛棚一看，原来焦书记二人已经走了，在门口还留了五块钱的饭钱。

大队书记呆在了原地，心里琢磨着，昨天晚上接到公社的电话，说焦书记到了村里，可是连个影子都没有看到，没想到，焦书记在这里免费帮工，真没见过这样的书记。几天后，大队书记又接到公社的电话，说是焦书记有指示，要安排那个叫嘎豆子的小孩免费入学。看到孙子穿着大队送来的新衣服，老人泪流满面，自己活了一辈子，没有见过这等帮工的官员，与自己非亲非故，吃自家的"百家干粮"，还帮自己孙子上学！

第三章

敢教日月换新天
——勤俭节约、艰苦创业的奋斗精神

第一节
县委制碱厂

兰考县委大院,称其为县委办公驻地则显得太寒酸,这是中华人民共和国成立后腾退一所中学整理出来的办公驻地,当时以为是权宜之计,没料到,兰考的经济困难十多年没有缓解,灾荒似乎与这座平凡的小县城有割舍不掉的情感,每每缓过气来,灾荒就不期而至,闹得县委改善办公条件的计划一再搁浅。兰考的县委大院也就是几十间低矮的平房构成,里面有组织部、宣传部、办公室等十几个部门办公,县委第一书记的办公室也就是在走廊的最里面一间,设施和其他办公室没有什么区别,就是靠着会议室近,办公室内一张桌子、一把椅子、一个书柜、一部电话机,别无长物,墙面粉刷的石灰经常会蹭在衣服上,墙面随处可见开裂的口子,堂堂县委大院,已经沦为危房的行列。

县委大院内有一个招待所，相当于政府接待客人的宾馆，上级领导来视察也会安排他们住在这里。兰考县委招待所是一座三层楼的建筑，是整个县委大院的制高点。招待所的条件也好不到哪里去，床单都用了十几年，棉被也薄得很，还总爱受潮，水泥地面常常渗出水来，墙面上也经常有绿霉，动不动就掉碱疙瘩，一开灯地上床上就爬满虫子，木板床睡上去吱吱作响。省委书记李胜祥和地委书记张申来了，也就是这样的条件，没有更好的了。兰考县委大院建在一片大碱洼上，屋里屋外总是潮湿的，几天不打扫，地上就会长出半寸长的白碱毛，被子几天不晒，就能拧出水来，所以有人说兰考的县委大院和招待所就是中华人民共和国第一个"县委制碱厂"。

焦裕禄上任，地委书记张申特意召开了地委常委会，讨论兰考县委办公条件改善的问题，兰考县委的办公条件即使是困难时期的河南全省，甚至是全国也不多见，领导干部总是在艰苦的条件下任劳任怨地工作，上级组织不能不替他们考虑、替他们谋划。

现在焦裕禄要上任，地委无论如何都要解决这个困难，好为焦裕禄树立威信，去了能更好地开展工作。有了气派的县委办公楼，广大干部才会一扫往日的晦气，挺起胸膛干革命、治"三害"。之前几次接到兰考县委修办公楼的申请，总是有各种原因耽搁，地委也不富裕，要站在全局考虑问题，每次兰考的修楼经费都用于救灾，一拖就是十几年，这次无论如何也要彻底解决这个历史遗留问题。

为此张申书记特意协调了财经部门，想尽办法挤出来20万元的专项基建经费，拨给兰考县委用于县委大院和县委招待所的改造工程。焦裕禄来到兰考，轻车简从，没有带家属，带了几件换洗衣服就住进了招待所，这位从大城市来的新领导，并没有对招待所的简陋条件提出任何质疑。从焦裕禄的履历来看，他的经历的确比较丰富，之前参加革命，后来参加支前和土改，然后到了洛阳机械厂，一待就是九年，在洛阳期间又到沈阳和大连学习进修，全是经济发达、风景秀丽的大城市，再后来又从洛阳调到河南尉氏县任县委副书记，尉氏县是河南比较富裕的地方，现在到兰考，却是河南最穷的地方，地委书记张申真有点不放心，虽然他不怀疑焦裕禄的工作能力和吃苦精神，但还是觉得这种落差实在太大，一般人承受不了。

张申书记的担忧终归是多余的。焦裕禄来到兰考就马不停蹄地下乡，积极地投入工作，几乎没有适应期，立马就挑起了重担，对艰苦的条件毫不在意。当焦裕禄来兰考一个月后，兰考困难的分量也就一清二楚，这时，地委的专项资金也到位了，地委发函询问，兰考县委大院和县委招待所的改造工程何时动工，是否需要其他帮助？焦裕禄接到函陷入了思考之中。

第二天，焦裕禄就坐着公交车赶到地委张申书记的办公室，没有想到张申书记听到的却不是改造大楼的计划。焦裕禄表示，兰考的艰苦状况远超之前的想象，群众生活的困难状况也远超预想。这笔专项资金实在宝贵，但却不能用来盖楼，而应该用于补充粮食救济和建设泡桐基地。兰考每年有几万人外出逃荒要饭，原因是连年歉收，群众的口粮不能保证，群众外出后，改造自然、加强生产的劳动力就缺乏，使得兰考的困难局面恶性循环。大栽泡桐是改善兰考自然环境的唯一途径，只有改善了兰考的环境，制服了风沙和盐碱，生产自救才有可能，兰考的发展才有可能。目前建设泡桐基地急需资金，是当前的第一要务，只有泡桐基地建好了，才有源源不断的泡桐种苗，才能组织群众到每个田间地头、荒山滩涂大栽泡桐，这一切都需要资金，怎么忍心拿这宝贵的资金去盖楼呢？我焦裕禄从洛阳来，从尉氏县来，从大城市来，这不假，但并不代表我不能艰苦奋斗，我从小在山东农村长大，饱尝民生疾苦，这点困难不算什么。我个人也不需要什么威信，领导干部的威信来自群众的认可，修一栋大楼我看也提高不了威信。兰考县委的办公条件的确艰苦，但相对于群众生活的艰苦，也算不了什么，兰考干部队伍的士气也不是修楼能提高的，我们干部的脊梁能挺起来靠的也不是修楼，而是为群众谋福利，得到群众真心的拥护。

兄弟单位的同志是不是看得起我们兰考，关键是看兰考的发展和未来，好的招待条件倒是其次。只要将来兰考富裕了，制服了"三害",风调雨顺,泡桐成荫,我们一定要盖一座好的宾馆来招待客人,在这里我愿意立下军令状,三年兰考不变样,我焦裕禄愿意接受组织处分。

张申书记听完焦裕禄的陈述默然了,在兰考的项目变更申请书上重重地签下自己的名字。

第二节
垃圾坑变集宝盆

　　焦裕禄书记的"专车"又罢工了，原因是一辆单薄的自行车每天跟着主人狂奔几十里地，金刚锻造的也受不了啊。这辆自行车是焦书记的"宝马"，对这个坐骑他十分爱惜，也经常自己动手保养，擦擦机油、洗洗车架，但老伙计也不能负担如此高强度的运动，在主人的驱使下长途跋涉、伤痕累累，所以，罢工在所难免。这次焦书记的自行车胎破了，自己没法搞定，只好推到街上找人修，本来这种小事，办公室的同志代劳是义不容辞的，也是他们的工作，但焦书记总是觉得自己的事情应该自己做，尽量不要麻烦别人。

　　焦书记在路人的指引下找到了一个修车摊，老师傅熟练地把自行车大卸八块，拆下车胎准备动手。焦书记站在一边抽烟，突然闻到一股恶臭，原来不远处有一个足球场大小的水坑，水很少，但苍蝇不少，坑里面长满了杂草，边上堆放着附近居民的生活垃圾，有西瓜皮、破鞋子、玻璃碴子，这些垃圾目前已经塞满了水坑的三分之一，几乎有填平水坑之势。这个水坑成为一个天然的垃圾填埋场，但这垃圾场也离街道太近了，既影响城市形象，也污染环境，看来得想办法治理一下。

焦书记发了一根烟给修车的老师傅，二人就亲切地聊了起来，看着这个穿着普通的中年人，老师傅根本就没有联想到他是县委书记。问明了水坑的来历，接着又问老师傅对水坑的治理看法。都说群众是最好的老师，群众是智慧的源泉，看来这话一点也不假，民间自有高人在，焦书记这次问计于民可有大收获。这位普通的修车老师傅可是一个有心人，也是一个行家，他注意这个水坑有好几年了，按照老人的看法，这个水坑完全可以改造成一个人工湖，里面放进水，种点荷花，养些鱼，加几个石凳，不但能变成县城的一大景观，还有效益可观的副业收入。

水坑表面上看就是一个垃圾场，联系到周边的环境，边上的一座塔，不远处一座桥，简直就是一个天造地设的景观。按照水坑的大小来推算未来的水域面积，种上荷花，莲藕的产量应该不少，而莲藕恰好是兰考的特产。有了水来养鱼，这个大湖年产几十万斤大鲤鱼真没多大问题。这笔账一算，焦书记的脸上笑开了花，他似乎已经看到了满湖的荷花和粼光闪闪的大鲤鱼。焦书记一拍大腿心中已经有了主意，留下修车的钱，匆忙骑着车就走了，老人恍如梦中。

第二天一大早，水坑的改造方案就上了县委的常委会，焦裕禄把老人的改造方案提交到常委会，众常委虽然一致支持，但对改造经费却犹豫不决，改造人工湖，需要人力吧，种荷花需要种子吧，养鱼要买鱼苗吧，这些都要钱，可我们兰考县穷啊，一直吃财政饭，各个单位都伸手要，手里的确不宽裕，如果为这点事，向上级要专项经费，非挨骂不可。

焦书记笑眯眯地看着大家，一副胸有成竹的样子。原来这一切他早有打算，开挖人工湖需要人力，广泛发动机关干部参加义务劳动，焦书记自己还带上家属全部参与。荷花种子并不贵，焦书记决定动用自己的稿费。鱼苗是个问题，可焦书记还是有办法，他已经联系好了老战友——山东曹县的高书记，对方免费提供山东大鲤鱼的鱼苗，年底的时候按照原价补偿曹县一些大鲤鱼就行。这下问题都解决了。

兰考县的人工湖改造工程启动了，不光机关干部全体上阵，连学校的孩子们也跟着用书包背土，不到一个月，臭水坑彻底变了样。一个气派的人工湖修好了，清冽的湖水放了进来，微风拂面，真是一个不错的景致。荷花种子也下了进去，曹县的鱼苗也马上就到，人工湖旁边还栽上了泡桐。修车老人成为人工湖的专职养护人，伺候荷花和鲤鱼是他的强项，修车可是副业，完全是为了营生，现在可以干起老本行，发挥自己的专长，别提有多高兴了。

兰考人工湖改造工程是一笔漂亮的盈余账，整个施工的人力没有花一分钱，也没有使用任何建筑材料，全天然设施，充满一股绿意盎然的野趣。整个荷花的种子钱才200块，就当是焦书记送给兰考人民的一份见面礼。山东曹县的大鲤鱼可是全国有名，供应的鱼苗自然没得话说，关键是还一分钱不用掏，等到秋后鱼肥，用货抵债，完全没有负担。

焦书记在县委常委会上给与会干部上了一堂生动的发展课，他意味深长地指出，放眼整个兰考，像这样的臭水坑该有多少，如果每个臭水坑或者乡村的山洼水塘，都能这么处理，还愁兰考富裕不起来吗？事在人为，全是人在谋划，只要精打细算，怎么会找不到门路？小鸡都能用两只爪子刨食，我们人有双手双脚，还会饿死不成？怎么会挣不到口粮？困难咱们不怕，怕的就是畏缩，人没有精气神，这也难，那也难，啥也做不成，只好逃荒要饭。我们不能抱着聚宝盆出去要饭啊。只要肯动脑，肯出力，啥也不难！

地方领导干部迫切需要转变执政思维，在困难的年代，尤其不能做庸官、懒官和太平官，不能因循守旧，墨守成规，应该多方开动脑筋，积极实践，向难题宣战。地方干部要有强烈的进取意识，要有艰苦创业的奋斗精神，要有敢于破解难题、改天换地的决心和勇气,反之,不一心谋发展,不拿出胆量和气魄,什么事情也干不成,最后一定会愧对人民、愧对历史。

第三节
泡桐大战

泡桐是兰考的一宝，不但能防风固沙，还能涵养水源，最重要的是还能改良土壤。有泡桐在，盐碱化还可以控制，还有改造的希望。1959年以前的兰考，可没有这么大的风沙，那个时候泡桐还是有一些，但大炼钢铁以来，泡桐全被砍掉做了燃料。兰考人砍掉泡桐之后，大自然的惩罚随之而来。一下雨，地里泡得一塌糊涂，一出太阳，又旱得一塌糊涂，兰考人的苦日子开始了。种一季庄稼要补无数次的种，收获的时候连种子钱都不能回本，但不能不种啊。

兰考的泡桐全国有名，特点在于兰考泡桐是制造乐器的绝佳原料，制作风琴几乎没有替代品。以前泡桐种植就是兰考的一大产业，可1959年之后，兰考的泡桐没有了，断送了一个极好的收入来源，上海乐器厂的采购员上门收购泡桐一无所获，他们想到了一个妙招，改为收购农村家家都有的风箱，因为风箱是泡桐做的，把风箱弄回去，也总能拣出来一点材料。焦书记来兰考后，看到的就是一个赤贫的世界，农业不能解决温饱，每年要返销粮食上千万公斤，工业根本就是一片空白，在农业合作化之后副业也近乎于无。难怪兰考有句俗语："提着包袱去要饭，给个县长也不干。"

焦书记来到兰考，首先要考虑的还不是发展泡桐产业，因为群众社员连饭都吃不饱，还谈什么产业，那是下一步的事情。要解决吃饭问题，必须解决农业产量低的困难。农业产量为啥低？兰考这块土地并不是天生就不养人，而是后来被破坏了才这样。兰考的风沙不同于新疆的戈壁滩，大西北的风沙是因为背靠大沙漠，而兰考的四周却都是产粮区，唯独兰考成了人造的荒原。人既然能破坏自然，肯定也能改造、修复自然，焦书记就是要带领兰考人民来改造、修复自然。

要改造、修复自然，泡桐是首选武器。经过专家试验，每亩地只要种上10棵泡桐，小麦的亩产就可提高20%；泡桐种在田间，因为根系较深，不会和小麦争肥，它的枝叶还能为小麦挡风沙，大大减小风沙对农作物的损害。之前焦书记还担心泡桐会挡住小麦的阳光，影响作物的光合作用，经过农业专家的测试，发现是多虑了，原来小麦有一个特性，就是每当阳光过强，叶面就会卷起来睡觉，完全停止了光合作用，如果有泡桐稍微遮挡一下，小麦的光合作用反而会增强，进而提高小麦的产量。打消了这个顾虑，真可谓焦书记种泡桐，多多益善了，泡桐的大面积种植几乎是有百利而无一害。

但怎样才能大面积种泡桐呢？首先要有足够多的树苗，看到兰考那几棵幸存下来的老树，焦书记一筹莫展。要大种泡桐，首先要建立一个大型的泡桐繁殖基地，靠买树苗恐怕不现实，要自己动手才行，而繁殖树苗又是一个技术活，怎么样做到又快又好地出苗，非得专业的人才能做到。而兰考这个穷地方又怎么能聘请到专业泡桐人才呢？

正发愁的时候，地委农业局给兰考分配了几名农学院的大学生，解了燃眉之急。这些大学生从大城市来，有宝贵的专业技能，但能不能在兰考扎根，把兰考的泡桐事业当作自己的事业还是未知数。不管怎么样，焦书记的泡桐基地建成了，也就是圈了几十亩地，搭了几间平房让技术员有地方住，其他的条件一概没有。焦书记尊重人才、尊重知识，怕南方人吃不惯馒头，从自己的工资里拿钱出来，为几位年轻的大学生买来大米。怕他们冷，又送来棉被。县委书记如此关心这些普通的技术干部，让这几位年轻人感动得不得了，他们的干劲更足了。

一个风和日丽的早晨，焦书记又来看他的泡桐基地，只见苗圃里的泡桐芽正在破土而出，绿得发亮，他不禁激动得笑出声来。每亩600棵泡桐苗，一共40亩，算起来就是2.4万棵，

第三章 敢教日月换新天——勤俭节约、艰苦创业的奋斗精神

每棵泡桐可以通过芽枝分解，再繁殖出30棵苗，这下一共就是72万棵泡桐树了，何愁不能把泡桐种满兰考的每一个角落？有了泡桐的保驾护航，又何愁兰考人不能摘掉头上的穷帽子？

焦书记把大种泡桐称为向自然宣战的第二场战役，如果说第一场战役是为兰考大地贴上膏药，那么第二场战役就是为兰考大地扎上钢针，兰考大地就像一个生了病的人体，贴膏药是活血化瘀，扎钢针是疏经通脉，两剂猛药下去，兰考这个病人就好得差不多了。焦书记是大自然的医生，要为1000多平方公里的土地治病，可不简单。

兰考的泡桐苗供应没有问题了，每一天都在增加产量，但如果以为把泡桐苗种下去，几年之后就能收获一棵泡桐树，这种想法也未免太天真。兰考风沙大，泡桐苗种在没有任何屏障的荒原上，要保证成活，太难了。一下雨就涝，一出太阳就旱，这样的环境里大种泡桐，前景也并不乐观，既然大自然能摧毁庄稼，也能摧毁泡桐，要征服大自然谈何容易？但不容易，还是要有人去做。

焦书记种泡桐最讲科学规律，不允许像当年大炼钢铁一样大干快上。种泡桐要讲究质量，种了下去，几个月后拔出来当柴烧，这样的大种泡桐没有意义，也没有希望。焦书记把树苗像宝贝一样分发到各个大队，和大队书记签订成活率的责任书，下达死任务，同时还派专家指导种植，把泡桐种在背风的田坎

上，种在黑黑的淤泥上，保证首批成才后，再向艰苦的盐碱地上移植。

大种泡桐不能搞运动，要一点一点地搞小突击，积小胜为大胜，最后彻底将盐碱和风沙制服。现在的兰考，早已经是泡桐成荫，曾经的风沙和盐碱已经找不到影子，要拍《焦裕禄》电视剧的导演在今天的兰考都几乎找不到取景的地方，泡桐大战在几十年后终于奉献给人民丰硕的成果。

第四节
为沙丘贴上膏药

焦书记下乡的路上,风吹得自行车东倒西歪,这车没法骑了,只好推着走,走着走着,帽子吹掉了,想回头去捡,早已经没了影子,这样的气候,似乎已经不适宜人类生存了,可是兰考人民还要活命啊。有人幽默地说兰考风沙不多,其实每年就四天而已,春天、夏天、秋天、冬天。也有人说其实也没有那么多,就两天而已,白天、黑天。兰考的风沙太大太频繁,全年8级以上的大风就有100多天,拳头大的土疙瘩,吹得满地跑。每次大风沙,田里的庄稼就白忙了一季,因为秧苗都被风吹走了。风沙过后,县委组织复种,把缺损的秧苗再补上,可是没多久,又一场大风沙摧毁了人们的一切努力。

当地有一个真实的笑话:张家岗大队的社员群众在村南刚刚种下一片棉花,结果一场大风沙,把棉籽带土全部刮走了。

另一个村子李家窑的村北是一片空地，刚好下了一场雨，雨后天晴，居然长出了一片绿油油的棉花，秋后白白收了一地的好棉花。张家岗的人辛苦种了一季棉花，李家窑的人免费捡了一季棉花，得来全不费功夫。后来还引起群众纠纷，通过公社协调，两个大队五五分成。当然这次只是风沙帮忙搬了一次家，都是兄弟大队，肥水不流外人田，更多的时候却是颗粒无收。

每次下乡看到庄稼被毁的惨况，焦书记的心就像被刀割一样，组织干部群众补种，大家又积极性不高，因为谁也不知道下一场风沙什么时候会来。通过广泛调查，焦书记总结了兰考风沙的八大罪过：第一是起坟掘墓，第二是打毁庄稼，第三是填平渠道，第四是封闭水井，第五是压毁房屋，第六是逼人搬迁，第七是埋死活人，第八是堵塞道路。总结得具体形象，也真实全面，大家说兰考人与风沙迟早必有一战，这场战役什么时候开始，要等待天时地利人和都具备。

寨子村有一位年轻的技术专家，对兰考的风沙治理抱有十分的热情，长年累月地实地勘测，记录了大量有价值的数据，可惜在焦书记来兰考前两年，他居然死在了勘测现场，被风沙活埋了，他的妻子侥幸被救，这位民间技术专家所做的一切没有得到任何回报，出师未捷身先死，死后黄土一堆，也从未被提起，慢慢被人们遗忘。焦书记听说了这个故事，觉得其中有不可估量的价值，英雄是兰考人民的财富，不应该就此埋没，

第三章
敢教日月换新天——勤俭节约、艰苦创业的奋斗精神

他的行为已经具备了烈士的资格，不能为英雄正名是当政者的遗憾。

在焦书记的关注下，这位民间专家的烈士身份被确定下来，家属也开始享受相关待遇，还把专家生前记录的数据全部贡献给县委，绝不能让英雄流血又流泪，否则死人伤心，活人寒心。焦书记亲自带队，去看望英雄长眠之地，这一去又有惊人的发现，英雄的坟墓明明普通，却在周边坟墓相继被风沙摧毁的情况下，岿然不动。这其中到底有什么奥秘呢？原来他的坟墓来自妻子别出心裁的设计，面上多了一层红胶泥，这胶泥压上去，再大的风沙也吹不动，这个发现也是自己和丈夫在长期的野外考察中的一个心得。正是这个心得给了焦书记无限的灵感。

焦书记发现，红胶泥整个兰考的土地上都有，或深或浅的，只要把这些胶泥都翻出来盖上去，风沙对农业的损害就降低了一大半。一个人一早上可以封住一座坟，那么十个人，就可以一天封住一个山头或者沙丘，一百个人一天就可以封住十几亩地，一千个人、一万个人呢？一年两年呢？发扬愚公移山的精神，兰考30多万人口，1116平方公里的土地，105万亩耕地，全部翻上红胶泥，不是没有可能，而是大有希望，就看兰考人民有没有改天换地的勇气和决心，就看县委书记有没有发动群众的智慧和能力。

为了检验设想的可行性，焦书记当即决定开展试验，身边

几个工作人员和大队干部，每人一把铁锹，开始去封面前的一个大沙丘，两小时四十七分，战役漂亮收官。十几个人，两个多小时就能封住一座沙丘，兰考几十万人，那大兵团的战斗力可以想见，这次试验更加坚定了焦书记的治沙决心。兰考县委正式发起了对风沙的大决战，全县1000多平方公里的土地上，到处是红旗和标语，大喇叭里播放着《我们走在大路上》，工地上热火朝天，群众干劲十足。

焦书记不但精心策划和亲自组织了这场大决战，更是身先士卒地参加劳动，秘书李林知道焦书记身患肝炎，不能过于劳累，每次和他一起抬筐都故意少装一点土，但焦书记总是固执地用一把铁锹把筐加满，一直加到不能再加为止；抬筐时，命令李林走在前面，理由是年轻人视线好，在后面的焦书记又偷偷"做手脚"，把绳子往后移，以便自己承担更多的重量，李林发现后不干，焦书记给出的理由是年轻人要长个儿，不能把腰压弯了，自己是干活的老把手，年轻人在劳动技能上还需要慢慢培养。

县委宣传部的干事小刘拿着照相机对着焦书记拍个不停，说是要把焦书记劳动的场面记录下来，拿去给报社发通讯。焦书记挥手制止，要多拍人民群众，这场战役是人民发动，应该充分表现人民的热情和力量，人民才是创造历史的主体，我焦裕禄只是帮忙组织了一下，我的劳动和人民群众比起来，实在是微不足道。

兰考的风沙战役取得了辉煌的战果，1000多平方公里的土地上，大大小小都是战场，处处人声鼎沸、个个汗如雨下，短短几个月，兰考大地旧貌换新颜，这种魄力，史无前例。

第四章

别人嚼过的馍没味道
——实事求是、调查研究的求实精神

第一节
播种用空耧

今天是寨子村春播的日子，焦书记要去看看，一是想了解一下情况，看社员群众有没有什么困难；二是想给大家鼓鼓劲，一年之计在于春嘛，抓好了春播，就等于抓好了农业生产的一大半。这次焦书记没有搞"微服私访"，而是带着县委几位常委大张旗鼓地下乡，为的就是鼓足干劲，力争上游，没有必要遮遮掩掩。

焦书记还没有出发，寨子村的大队干部就已经接到了通知，队长双盛急得像热锅上的蚂蚁，不就是一个春播嘛，有啥好急的？别人不明白，是因为不知情。这次的春播连一粒种子都没有了，种子都被大队干部拿去换酒喝了，寨子村很穷，年底就余下这么一点种子，大队干部馋虫发了，带着种子去了县城，下了一趟馆子，这下啥都没有了。没有种子，还春播个啥？但焦书记要来看春播，拿什么给他看呢？

队长双盛灵机一动，不就是春播嘛，咱就来一个空城计，让社员们拿着空耧去播种，做做样子，焦书记那么忙，也不会下田看，做好群众的工作就行了，露不了馅。众干部虽一脸疑惑，但想来想去也只有这么干了，因为种子没了，如果让焦书记知道实情，那还得了？处分是肯定的，说不定还要撤职。双盛和众干部定计后就分头行动，重点要把几个顽固分子的思想工作做通，无论是什么方式，必须做通。

村民豹子一向不听话，双盛为了保险，决定亲自去做豹子的工作。来到豹子家，说明来意，豹子立马就跳了起来，表达了十二分的愤慨和鄙视。种子早被村干部吃光了，现在巧妇难为无米之炊，没有种子如何播种？难道种土疙瘩？队长要糊弄县委，糊弄焦书记，也愚弄群众，豹子绝不答应，而且宣布要现场举报。队长双盛把脸一沉，拿出了撒手锏，提出如果豹子敢捣乱，就会被扣工分，从今往后别想过舒坦日子。赤裸裸的威胁结束后，双盛队长又换了一副慈祥的表情，表示只要豹子听话，欠队里的二升黄豆，就不用还了。在威逼利诱之下，豹子满脸通红，羞愧地低下了头，想据理力争，又投鼠忌器，在物资匮乏的年代，得罪大队干部，后果是严重的。

在双盛的组织下，群众社员都背上工具下田了。按照预定的计划，大家把耧子里都装满土坷垃，像往常一样开始播种，只管干活，谁都不准露馅，谁出问题，队长就要秋后算账，扣全家的口粮。社员群众稀稀拉拉地下田了，大家都明白，今天是来演戏的，长这么大，第一次演这种戏，而且还不敢不演好，否则焦书记走了有你的好看。

正说着，焦书记带着调查队的干部往这边走来，看到大家在春播，热情还挺高。双盛队长早已经走到路边迎接，焦书记问这种的啥呢，双盛说种的黑豆。一听说是黑豆，焦书记来兴致了，种黑豆好啊，黑豆是宝贝，人吃黑豆长得壮，牲口吃黑豆长膘。说完焦书记准备下田，像往常一样，参加村民的春播劳动，队长双盛急忙出手阻拦，提出春播即将完工，午饭已经准备就绪，书记现在下田已经没有必要，还是去村里坐坐，准备就餐。

焦书记挥挥手拒绝了。因为焦裕禄今天自带了干粮，不需要村里接待，队长的理由不攻自破。双盛急了，又提出干活的事情不敢劳驾焦书记，田里脏，不能弄脏了焦书记的鞋。何况焦书记公务在身，干农活会耽搁时间，似乎没有必要。看看双盛，又看看干活的群众，焦书记突然觉得不对劲，双盛队长着急要撵自己走，群众干活都低着头，一个个像霜打的茄子，播种的耧似乎节奏也不对，力道也不对……这些对于干活的老把式焦书记来讲，是再敏感不过了。

焦书记不理会队长的劝阻，大踏步走进田间，盖子再也遮不住了。碰到这样的书记,双盛队长也只好倒霉了。焦书记推开双盛就下地了,接过一个老伯手中的耧子,准备干活,低头一看,耧子里居然是土坷垃,再跑到其他社员那里一看,全都是土坷垃。焦书记把所有的耧都看完了,没有一个耧里有黑豆,这下明白了,原来这是一场春播秀,要不是自己下田看看,差点儿被糊弄了。

焦书记大声地质问队长,希望能找到合理的解释,但事实摆在眼前,无论怎么解释都没用,只好垂头丧气站在一边,让村民自发回应,场面时失去了控制,村干部的精心安排全部泡汤。所有群众社员的苦水就像开了闸的水库全都倒了出来,不可遏制。焦书记了解了事情的前因后果,生气极了,指着双盛连话都说不出来。

焦书记立即决定在寨子村召开临时群众生活会,在会上对村干部提出了严厉的批评,兰考有句古话叫"饿死爹娘,留着种粮"。寨子村的群众连白水煮红薯都吃不上,村干部居然把全村的命根子拿去卖了下馆子,这样卖来的钱,吃肉喝酒,难道吃得下、喝得下?作为基层干部,组织群众搞好生产,安排好群众的生活,这才是本职工作,他们的作为实在难以用干部作风来定性。

会上宣布了对村干部的处分决定:鉴于双盛队长的恶劣表现,他得到了撤职的处分;凡是参加盗卖种子的村干部,全部清除出村委会。村委会重新选举,"不听话"的豹子居然票数最多,高票当选新任的寨子村队长。豹子虽然不服村干部的管教,有刺儿头的名声,但干活下死力,人又宽厚善良,在村里讲义气,有胆识,愿意为社员出头,的确是队长的最佳人选。

焦书记回县委后,心情还久久不能平静,基层干部多吃多占已经成了一种普遍行为,基层干部又是和群众生活密切相关的群体,他们的觉悟和素质直接代表着我党的形象,他们出现作风问题,对群众的伤害最直接。面对基层干部的腐败行为,依靠群众社员的举报来惩治恐怕不现实,因为他们掌握着群众社员的生死大权,口粮分配和人力安排是他们最大的两项利器,在物资匮乏的时代,他们在群众眼中是让人恐惧的形象。

县委如果不出面,狠纠不正之风,恐怕这种状况还要持续蔓延。换句话说,县委领导在调查中如果走马观花,那就会被他们糊弄,永远不可能知道真相是什么,这次的教训实在太深刻了。

第二节
带孩子郊游

焦书记一生育有六个子女，三男三女。大女儿名为焦守凤，二儿子名为焦国庆，三女儿名为焦守云，四儿子名为焦跃进，五女儿名为焦守军，六儿子名为焦保钢。从对子女的命名来看，焦书记似乎对子女没有太花什么心思。但从六个子女后来的发展来看，这些名字可谓一语成谶，大多数实至名归。焦书记一生平凡朴素，给子女的名字也是平凡朴素，在他的眼中，子女长大后也必然是一个平凡朴素的人，平凡人取一个平凡的名字又有什么不对呢？越是书记的子女，就越应该与平凡为伍，他们本是群众的一分子啊。

一个周末，焦书记忙完了公务，突然觉得自己和子女好久都没有亲近过了，做父亲的平时很少管他们，在生活上和学习上全是母亲在操心，为人父也未免惭愧，不如趁今天天气好，带孩子出去逛逛。孩子们听说爸爸要带他们出去玩，可高兴坏了，三下五除二，几个孩子就爬上了爸爸的破自行车。自行车实在是太破了，载不动这么多孩子，老大守凤自动告退，焦书记就带上老二、老三、老四出发了。

案牍劳形的焦书记好久都没有享受过这种天伦之乐了，把车子蹬得飞快，三个娃娃不停地尖叫。就这样一路风驰电掣地骑出了城北，孩子们问爸爸，我们这是要去什么地方啊？焦裕禄笑而不语，因为他根本就没有想好要去哪儿，也没有准备好去哪里，不如就这样一路向北，走到哪里算哪里。

在焦书记看来，兰考的大地虽然贫穷，但没有一处的景色是不美的，为什么他的眼里都是美景？因为他对这土地爱得深沉，对土地上的人民爱得深沉。城市之美、乡村之美，不在于富丽堂皇，不在于雕梁画栋，在于朴素的本色，在于奋斗的激情。孩子们的探险之旅开始了，在他们的记忆中，爸爸带他们集体出游这还是第一次，关于出游的方式、去的地点、玩些什么，这些都不重要，重要的是能和爸爸在一起。

一行四人一直骑行到城北的牛场村，焦书记实在累得不行了，决定把车子停下来歇一歇。大家坐在路边的一块大青石上，喝着自带的白开水，笑声不断。突然，焦书记发现路边的一块地里，露出几个半截的红薯，这一定是粗心的社员在收红薯时漏掉的，多可惜呀，想到这里，焦书记灵机一动，不如这次郊游的项目就叫收红薯吧。

孩子们听了爸爸的话，看看田里光秃秃的，不解地看着父亲问道，这地里啥也没有，都被农民伯伯收光了，还怎么收红薯？要不再去找一片还没有收过的红薯地。焦书记摆摆手，坚定地告诉孩子们，就收这里的，哪儿也不去。说完焦书记就跑到地里，熟练地用手刨出了一个半截大红薯。

这下孩子们都兴奋起来了，争先恐后地下地找红薯，在焦书记的指导下，他们把每条垄上都仔细地重新清理一遍，向旁边远处刨，向深处刨，总是会出现惊喜。孩子们刨红薯就像在探险一样，寻找遗失在红薯地里的宝贝，越刨越开心，越刨收获越多。孩子们以劳动为乐，焦书记看在眼里，喜在心里，但看到收获的"战利品"越来越多，他的眉头却越锁越紧，这到底是哪个大队的呢？收作物这么马虎，漏掉了这么多，还没有解决温饱，就已经学会了浪费，这怎么得了？

孩子们刨完了差不多一分地，累得躺在地里，但看到一堆的宝贝红薯，别提多高兴了，这次劳动的成就感实在太大了。这些红薯带回家，晚上就可以吃到香喷喷的烤红薯了。焦书记可不这么想，他拿出随身带的包袱，把这些捡的红薯装好，吩咐国庆，让他骑车先带弟弟妹妹回去，自己还要去队里一趟。说完提着包袱就走了，三个孩子眼巴巴地看着爸爸把他们辛苦刨来的"战利品"带走了。

焦书记提着红薯找到了大队，正好公社书记老周也在，老周好奇地问焦书记，包袱里装的是什么。焦书记沉着脸没理他，让他把秤拿来称一下，没想到，足足有40多斤。打开包袱，尽是大个的红薯。焦书记算了一笔账，自己和孩子们在生产队收完的红薯地里刨了小半天，就刨了40多斤，一分地就漏掉了40多斤，全队81亩红薯，一共就损失3.24万斤，整个公社差不多有1000多亩红薯地，那一共的损失就是四万多斤红薯，整个兰考光红薯地就至少2万亩，那损失就是天文数字，折合成口粮，可以解决大量群众的吃饭问题，把这些省下来，哪里还用得着去逃荒？

焦书记苦口婆心地教育老周，每次县委督促复收，公社总是说已经做到了颗粒归仓，但现实一看却不是这样，一个公社书记，不深入调查就信口开河，糊弄上级，还好意思吃人民的饭吗？老周深深地低下了头。

兰考粮食产量低，人均口粮少，每到青黄不接的时候，很多家里都揭不开锅，就是在这样困难的环境下，社员收作物还不仔细，实在说不过去，这可是粒粒皆辛苦啊。作为公社书记，老周对自己辖区内有多少红薯地还不如焦书记清楚，说起来是一件惭愧的事情，这就是调查出真功。调查的深度和力度，决定一个干部的见识和判断，论调查功夫，很少有干部能做到焦裕禄的水平。

第三节
懒汉福贵立大功

焦书记要下乡，想了解一下小片包荒在村里的执行情况，他特意选了一个从来没有去过的村，也没有通知队长书记，就是希望看到最真实的情况，了解了真实情况才能做出正确的决策，如果调研前县委发通知，底下从公社到大队肯定闻风而动，精心装扮，这样的调研不但劳民伤财，而且没有什么意义。

焦书记和秘书李林来到一个完全陌生的村庄，从两人的装扮看，也就是两个地道的农民，只有这样的打扮才能深入群众，取信于民，有助于尽快摸准真相。焦书记一到村里，就决定去拜访一位最穷的村民，很快在路人的指引下，他们走到了一个大粪堆边，这就是号称本村第一穷汉福贵的家。福贵以前是有老婆的，但自从老婆逃荒后，就成了光棍儿，老婆一去不返，福贵也彻底没了精气神，索性破罐子破摔，做起了一个快乐的单身汉，活也不愿干，工分就少，反正一个人吃饱全家不饿。

粪堆边福贵的家也就是两间东倒西歪的茅草屋，屋门口吊着一块草垫子，连门都没有。院子里杂草长到一人多高，垃圾堆得让人无处下脚，墙角甚至还能看到几处大便，不用说，肯定是屋主的"杰作"。秘书李林拉着焦书记的手，捂着鼻子提出要换一家调查。焦书记不同意，说就是要看看福贵，看他是怎么变成本村第一穷汉的，挽救一个穷汉，等于挽救一个家庭。

走进福贵家，福贵正在床上睡懒觉，喊了三遍才出来，不耐烦地看着眼前的两个陌生人，问他们找谁。焦裕禄干脆隐瞒身份，说自己是从山东来帮工的，听说村子小片包荒，来帮忙干活。没想到立马遭到福贵的拒绝，理由很充分，第一他没钱给，第二压根儿就不想开荒，因为开出来上级也会收回去，今年不收，明年准收，何必自讨苦吃？还是等国家救济来得舒坦。

焦书记好奇地追问他，一个壮小伙子干吗要靠国家救济过日子？难道不会自救？说到自救，他的理由更充分，耕地没有耙子，播种没有种子，拿什么自救？焦书记拍着他的肩膀，告诉他不必担心，一切自有安排，他只要去找队长要几块荒地，种子和工具不用他操心，也不要他一分钱，无条件地帮他把地种好。福贵还想说什么，但看到来人这么真诚，只好硬着头皮答应了。

到了下午，焦书记和秘书二人带着工具和种子到福贵的地头等他，左等右等不来，原来这个懒汉又在家睡大觉。等到地耕了一大半，福贵才来，一看这阵势，呆了，原来这俩人是来真的。焦书记招呼他下地干活，但福贵还是不愿意动，提出要讲段子代替干活，焦书记也同意了。

福贵开始讲他的段子：

一等人，当支书，明橱亮柜摆满屋，想吃哪户吃哪户，老婆孩子气儿也粗；二等人，当队长，瓜园一坐，阴凉一躺，工分不少挣，粮食不少扛；……十等人，睡大地，高粱地里放闲屁，队长听见不乐意，一天工分不给记。我福贵，就是一个抬不起头的十等人啊。

听着听着，焦书记拿出本子记了起来，觉得越听越有意思。看到焦书记在记笔记，福贵更卖力地讲起来：

四大不能得罪：得罪了队长派重活儿，得罪了会计笔尖戳，得罪了保管抹秤砣，得罪了支书别想活。

要找干部不用问，见了瓦屋往里进。见了贫农不用问，三间茅屋半边倒。大队干部盖房，小队干部养羊。社员没有饭吃，扒大轮子逃荒。

……

福贵满肚子的段子，听起来虽然好笑，但笑过之后却心酸，焦书记听着听着神情越来越严肃，一直记了一大本。福贵口也干了，料也没了，秘书李林也把地耕完了，大家一起把麦种撒上，收工回家。到福贵家，焦书记又帮他把院子清理了，把水缸担满水，屋里屋外收拾得利利索索的，福贵看着都傻眼了。

福贵家里只有地瓜干子，焦书记二人就和福贵一起吃地瓜干子，完了还丢下五块钱，说是饭钱，福贵虽是懒汉，但也不傻，碰到这样的大好人还是头一遭，激动得眼泪直流，喊焦书记一口一个大哥。焦书记临走前交代福贵，新开的荒可要好好照料，这是一亩四分地，种的麦子按照兰考的平均产量应该能收 150 斤。收完麦子再种一季玉米，也能收 400 多斤，这下全年的口粮都解决了，还不算队里分的粮食，年底可以吃上白面馍了。院子里还可以种点豆子、丝瓜、南瓜什么的，吃的菜也有了，还可以种点葡萄，水果也有了，景致也有了。

福贵的头点得像鸡啄米一般。从福贵家出来，焦书记看着自己的笔记本，怎么也睡不着。社员没有积极性是有原因的，一是担心哪天辛辛苦苦开下的荒被收回去，田间地头发展点副业还担心被"割资本主义尾巴"。哪家稍微富裕一点还会担心被整，说是走资本主义道路，只有把自己弄到像福贵一样的赤贫状态，才能高枕无忧，可福贵，过的是什么日子呢？这么说，千千万万的福贵其实是政策的牺牲品，责任不在他们，福贵也并不是天生的懒汉，是生活把他变成了这个样子。

最重要的一点是，村里的基层干部作风存在严重问题，村干部多吃多占，欺压群众的现象还比较多见，村干部享受特权，为自己谋私利的行为还得不到制约,农村里的不平等现象还比较突出。这样的环境下,社员自然没有积极性,不下大力气纠正这些不正之风,要兰考人脱掉头上的穷帽子,还是比较困难的。这次"帮工"的经历,焦裕禄收获不小,如果不是拿出甘做小学生的精神,以群众为师,深入开展调研,这些宝贵的信息又怎会了解到?

有了这些调查得来的第一手资料,焦书记在县委的专项工作会议上侃侃而谈,听众忍俊不禁之后又都陷入沉思,轰轰烈烈的纠风运动开始了,懒汉福贵立下一个大功。

第四节
在煤栈"微服私访"

焦书记在下乡的路上,看到满地的树桩,不禁大为恼火,县委三令五申严禁砍伐,还是有那么多觉悟低的社员群众偷偷盗砍,在兰考种活一棵树多么不容易,这样干还有什么希望呢?兰考的荒山上有很多老头林,顾名思义,就是很多树,长了很多年,却没有锹把高,被称为老头树,土改时种下的树苗,到现在已经16年了,却越长越矮,最后干脆枯死在山上。兰考自然条件差,山上不能保水,还尽是碎石子,积贫积弱,树又怎么长得高呢?

就是这样,还有人去砍这些可怜的老头树,太让人生气了,焦书记决定去找当地的大队书记了解情况。可还没有到村口,就看到一个中年男子在不远处的路边砍树,还随身带着耙子,大概是准备把树根都挖出来。焦书记和秘书李林朝男子大喊，男子看到有人来了，工具都没拿，撒腿就跑。焦书记和秘书紧紧追赶，其实就是想弄明白到底为什么要砍树，没有惩罚他的意思。男子跑得很快，焦书记喊得口干舌燥，也无济于事。

看到路边不仅树被砍了，连草根都被挖干净了，连一片树叶都找不到，焦书记决定到村里去看看，搞清楚到底怎么回事。到了村里才发现，刚才看到的还只是小儿科，有很多人的房子都被掀开了，像受了灾一样。焦书记走进一户人家，突然发现屋里的主人正是刚才砍树的那个男子，男子一见焦书记又嗖的一下跑出去了，这是怎么回事啊？

屋里的女主人走了出来，了解后才知道，村里实在没有柴火了，没有柴烧比没有饭吃还难受，都逼得大家拆房子，把梁柱卸下来劈开当柴烧，家具已经烧光了，家里凡是木头做的东西，能烧的东西，全都送给了灶王爷。人要吃饭啊，没有柴怎么煮饭呢？家里的东西烧光了就只好冒着危险上山砍树、掘草根、捡树叶，大家也知道这样不对，国家是有规定的，大队也三天两头警告，但没有用，人还是要生活啊。

听到这里，焦书记沉默了，但还是好奇，之前县委还特意出台过政策，给社员供应平价煤来解决生活燃料问题，不是都给每个社员发了指标的吗？为什么不去煤栈买煤呢？不问不知道，一问吓一跳。煤栈可不是好进的，门难进，脸难看，事难办，社员拿着条子买不到煤是普遍情况，往往排了一整天的队，到了窗口，煤栈的人说煤卖完了。可是，看到仓库的煤明明还堆得像山一样高，社员和他们理论，他们直接把门一关，甚至惹急了还会动粗，村里好几个人都被煤栈的管事给打了。

为什么不卖煤呢？据说是煤栈的煤是供应给条子户的，意思就是社员得出高价买条子，这些条子上有县领导的签字，领导官越大，条子越管用，煤也买得越多。县供销社主任和煤栈经理的条子最多，也开始明码标价，可是社员哪里有钱呢？为了验证这些说法的真实性，焦书记决定亲自闯一闯这黑煤栈，他和秘书李林拉了一个架子车就上路了。

来到煤栈一看，果然像社员们说的一样，人龙排得老长，排到中途，有个满脸横肉的男子神秘兮兮地把他们拉到一边，说是有条子卖，要不要，焦书记问什么条子，男子说是煤栈站长张建生的条子。焦书记说："我们有条子，都盖了公章，你这个条子就是个签字的而已，你是骗子吧？"男子生气了："你的公章顶个球，八个公章，不如老乡，待会儿你就知道苦头了。"

好不容易排到窗口，焦书记递上货真价实的条子，开票的只斜眼看了一下，马上退回来，焦书记生气地质问："这是公社开的平价煤指标，怎么就不能买煤呢？"面对质问，开票的不耐烦了，干脆宣布今天的平价煤卖完了，让大家明天再来。焦书记仍然不服气，想把事情弄个清楚，要求解释为什么盖公章的条子还不如白条管用，为什么领导的条子就能买煤。

这种打破砂锅问到底的架势，把开票的激怒了，干脆挑衅般地表示，事情就是这样，如有本事，大可去县委投诉，悉听尊便。这一副死猪不怕开水烫的态度，也激怒了焦裕禄。他忘记了自己刻意隐瞒的意图，拿出县委书记的威严，要求对方在24小时内把工作检查送到县委"反走后门办公室"。开票的平时欺凌群众惯了，哪儿受得了这种窝囊气，站起身子就给了焦书记一个耳光，然后向后一呼，几个彪形大汉冲了过来，焦书记和秘书李林就被打得鼻青脸肿，还被拖到一间黑屋子里关了起来。

晚上煤栈经理过来了，和众管事一起酒足饭饱后，开票的说要告诉经理一个笑话：来了两个"神经病"，口气倒不小，命令站长到县委去做检查，我把他们关在杂物间呢。听到这里，经理颇感兴趣，我倒要看看那两个"神经病"到底是什么人物，吃了熊心豹子胆，敢要我们老大去做检查。

经理叫人打开了杂物间，看着面前两个黑乎乎的人，突然觉得在哪里见过，再仔细一看，不得了，原来是县委焦书记。这下才知道闯大祸了，跪在地上不停地发抖，酒早醒了一大半。焦书记什么话也没说就走了，把条子重重地拍在桌子上。

晚上焦书记回到家怎么也睡不着，心里难过极了，没有想到我们的基层干部竟然会堕落到这个样子，整个兰考到底还有多少这样的干部？有这样的干部，我们的事业还有什么意义？

第二天县委常委会上,焦书记心情沉重地讲述了事情的经过,众常委默然了。

兰考的反"走后门"运动轰轰烈烈地开始了,一大批批过条子的领导受到处分,煤栈站长被撤职查办,乡亲们的平价煤也开始源源不断地送进了村。

第五章

干部不领水牛都要掉井

——不怕困难、不惧风险的大无畏精神

第一节
干部动员会上看鱼

兰考遭受了罕见的大水，整整十天，雨没有停过，这在兰考的俗语中被称为"白帐子雨"。顾名思义，就是雨下起来就像白色的蚊帐，雾蒙蒙的一片白色，根本看不清人。1963年的这场雨，在兰考的历史上也不多见，几天内，兰考全县的降水量超过240毫米，全县淹没庄稼18.2万多亩，占兰考全部耕地面积的20%，房屋倒塌4890间，砸死砸伤18名群众。地委下拨了三百多万斤的统销粮和几十万元的救灾款，但这一切在巨大的损失面前都只是杯水车薪。

焦书记组织了500多名机关干部下乡救灾，整个县委机关除两名值班人员外，几乎称得上倾巢出动。焦书记来到韩村，队长王大水见到县委来救灾，蹲在水里就大哭起来，痛陈灾情的严重，已经到了让群众无法生存的地步，救也白救，直接组织群众逃荒得了。听到队长的哭诉，焦书记的心沉下去了，但全县的主心骨绝对不能泄气，如果书记都没有信心，群众社员更是没指望了。

焦书记爬上一个沙丘，看到一棵枣树还没有被淹，兴奋地发现情况并没有想的那样糟，真正是天无绝人之路。沙丘上没有水，因为下了雨，这枣反而长得比往年更好。俗话说，兰考有"三宝"——花生、泡桐加大枣，除了花生，其他两样一件没丢。这大枣是木本粮食，社员管好了，不要生虫子，待到秋天这产量差不了，到时候县委组织去卖大枣，一样能创造经济效益。王大水听到这话，也跟着乐开了，但心里还是打鼓，就这几颗大枣，能养活这么多的社员？怕是杯水车薪，难以根本解决问题。

又有群众发现，这碱场让大水一泡，茅草也长得不错，蓬蓬的一大片，等水退了大家可以砍茅草，这茅草也是宝贝，可以烧瓦盆，可以搞草编。还有一个老人指出，这大水一泡，盐碱都翻上来，到时候熬硝盐也大有门路。还有社员提出，这大水以来，火车站也受影响，现在货物搬运也急缺劳力，看县委能不能组织一下，让社员去挣几个活钱。焦书记当场表态，这有什么问题，马上电话联系火车站。

焦书记在大雨中对韩村的群众讲话，提出了兰考救灾史上著名的"四捞理论"：夏季丢了秋季捞，洼地里丢了岗上捞，地上丢了树上捞，农业丢了副业捞。你们刚才就出了很多好点子，群众就是干部的老师，我们干部就负责把你们的点子变成现实，为你们的想法提供保障。越是困难关头，越是显示出兰考人的骨头是最硬的，打不垮也捶不扁。

从韩村出来，焦书记一行又到了赵垛楼，只见群众都在地里挖排水沟，二话没说，立即率领机关干部投入紧张的劳动中。焦书记挽起裤腿，把随身的背包往树杈上一挂就踏进污水中。焦书记下乡参加劳动是家常便饭，他参加劳动绝不像有些干部，只是做样子，搞形式主义做秀，他每次都是动真格，这次来赵垛楼，赶上排水沟大战，硬是一口气干了五天，直至工程全部完工。

和焦书记同来的干部叫苦不迭，但看到县委书记带头流汗，大家又有什么好说的呢？群众社员更是干劲冲天，五天时间，挖出几十条长渠，加起来有几十里，硬是从龙王口中抢救出5000多亩庄稼，被上级称为"赵垛楼的干劲"。赵垛楼的干劲其实就是焦书记的干劲，在大灾面前，总是热情鼓励人们，只要努力，困难总是能克服的，兰考的明天是美好的。焦书记总是说，没有救灾的干部，就没有救灾的群众，在大灾面前，干部的表现尤其重要，如果干部不垂先示范，不挺起脊梁，群众的人心就散了，人心一散，啥也干不成了。

救灾回来，焦书记在县委及时召开了干部思想动员会，在

第五章
干部不领水牛都要掉井

罕见的灾难面前，兰考的干部队伍也人心浮动，普遍有畏难情绪。县委班子成员觉得在兰考无论怎么干，都摆脱不了一个后进的局面，成天向上级诉苦，要钱要物，上级也不会有好印象。兰考的灾难，只能是越救越难，客观条件太差。

县委的中层干部和公社领导觉得压力山大，离上级的要求和群众的期盼都有不小的距离，要改善兰考的困难局面，绝对不是他们能主宰的。心有余而力不足，既然干不好，不如换个地方，人挪活树挪死，如果能到基础条件好一些的地方，也许工作状况大不一样。

焦书记让秘书李林去人工湖那里弄来一大盆鱼，看着盆里的大鲤鱼活蹦乱跳，干部们面面相觑，不知道焦书记葫芦里卖的什么药。难道是焦书记觉得大家这段时间救灾辛苦了，请大家吃鱼，可这点鱼又怎么够那么多人吃呢？正在疑惑之际，焦书记指着盆里的鱼，和大家算起了经济账。这是县城原光那个臭水坑里的鱼，几个月前，县委发动干部和群众一起修建了这个人工湖，在里面种了藕、养了鱼，才几个月工夫，这些鱼已经长到了半斤多，预计年底长到一斤是一点问题没有。人工湖里的鱼苗有16万尾，请大家算算这笔账，这些鱼如果卖了，有多少收入？

马上就有懂行的干部算出来了，这16万尾的大鲤鱼，大概要值10万元，相当于一个乡镇半年的财政收入。焦书记的经济课堂，提出了一个浅显而又令人兴奋的课题，随便改造一个臭水坑，就救了半个乡镇，如果每个乡镇都像这样改造几个臭水坑，还需要救灾吗？干部同志们如果都打起精神，出死力搞生产，兰考真的扶不起来吗？

这让每一名干部陷入了沉思，思路决定出路，只要敢想敢干，没有打不破的死结，也没有解决不了的困难。

第二节
跨县治水

兰考的水灾已经有数百年的历史,从 1644 年到中华人民共和国成立,县志上记载的洪涝灾害就有九十多次,平均三四年一遇。明朝洪武年间兰考开始设县,为了躲避洪水特意把治所从老韩陵迁到现在的兰考,但自从搬迁治所后,洪水却越发厉害,嘉庆年间,一场洪水居然把县衙全部荡平,城墙也跟着崩溃,洪水过后接着是瘟疫流行。兰考之所以洪水频发,主要在于地形。兰考县地势低平,一场大雨下来就是全城漫灌,水流积聚之后又无处排泄,内涝就在所难免。

封建时代缺乏科学的治水知识,也从来没有人系统地研究过兰考的地形地貌、山川走向,洪水的悲剧就一再重演。焦书记来兰考后,下决心要彻底解决水患。经过专业技术人员的精心勘察和研究,很快找到了兰考水灾的症结所在。兰考的降雨量并非产生洪灾的首要因素，很多地区的年降水量远远超过了兰考，却没有水灾，问题就在于兰考的地形劣势。兰考的地形如同一个椭圆的猪膀胱，入口不断地有水进来，两边流不出去，最要命的是出口被严重堵塞，这就导致了本不该发生的洪灾。

兰考这个"猪膀胱"的出口在与之比邻的山东曹县。兰考与曹县交界处有一个巨大的天然湖泊，这个湖泊下面就有一条河沟能直通大海。本来，如果水流直接从九连湖过境，从曹县借道入海，什么问题也没有，要命的是曹县在九连湖上修了一道太行堤，这道堤就堵死了入海的通道，兰考这个"猪膀胱"就只好把"尿"憋死在家里。

山东曹县修成这道太行堤也已经有几百年的历史，曹县人也知道，兰考的洪水如果过境，对他们的压力也很大，堤上堤下都是良田，太行堤一旦不保，大水不但会冲毁处于下方的农田，还会淹掉很多民房，损失也不小。兰考人和曹县人为了这道堤，历史上发生过多次大规模械斗，最终的结果都是曹县获胜，以至太行堤至今犹存。曹县有习武的传统，并且人口数量也多于兰考，要取得太行堤的控制权，对于兰考人来讲，是一个可望而不可即的梦想。

兰考人也知道，只要太行堤在，洪水永远没有避免的可能。而曹县人也知道，誓死也要保住太行堤，堤在人在，堤亡人亡。因为一旦垮堤，兰考的今天就是曹县的明天。每当下大雨，太行堤上就灯火通明，全部是曹县的精壮汉子，拿着明晃晃的刀叉长矛，在那里守堤。这一副练家子的架势，兰考人望而生畏，只好把苦水往肚子里咽。

焦书记对此大为不解，两个县的想法可以不一致，但根本利益是一致的，他认为华东局、中南局，都得服从社会主义全局；山东省、河南省，都要实行多快好省；菏泽专署、开封专署，都得执行团结治水的总部署；曹县、兰考县都是党领导下的兄弟县，有什么不能摊开谈呢？县委众常委看到乐观的焦书记，都纷纷摇头，大叹苦经说，不容易啊，之前也谈过，都不欢而散，虽然都是社会主义兄弟县，但每个县都有自己的地区利益，还涉及群众利益和历史问题，谁肯让步呢？

焦书记觉得再难也要去谈，因为这个问题涉及兰考几十万人的生计问题，不把水患制服，兰考人永无出头之日，哪怕是困难重重，也要找到突破口。焦书记带领县委班子冒着大雨前往山东曹县，要求协商共同治水的问题。接到兰考县委的信函，山东曹县县委的会议室也是阴云密布，因为此前不久，曹县县委刚刚接到太行堤上发生两县流血械斗的消息，两县均有人员伤亡，群众意见很大，现在兰考县委又找上门来，莫不是来讨麻烦的？

正在疑惑之际，焦书记打着赤脚浑身是水地走到了会议室门口，曹县县委高书记刚好是他南下的战友，战友相见，分外亲密，但现在各自主政一方，都要各为其主，为各自的群众争取利益，战友的情分也只好先放到一边。焦书记无事不登三宝殿，来这里的目的双方都心知肚明，但涉及的敏感因素太多，高书记不好表态，只好拉着焦书记的手，亲热地表示，只叙友情，不谈公务，先吃饭，所有的事情饭后再说，先尽地主之谊。

只叙友情，不谈公务，如果只谈友情，焦裕禄又何必兴师动众？如果不谈公务，焦裕禄跋山涉水，岂不是师出无名？这不符合焦裕禄的行事习惯，很自然，主办方的盛情，焦书记不同意，这大老远来可不是为了吃饭，而是为了解决问题。问题没有解决，兰考的人民群众还泡在水里，饭是吃不下的。不如现在就召开联席会议，两个县的县委班子集体谈判，一定要谈出个方案来。这是涉及群众利益的大问题，不是私人感情，没有必要遮遮掩掩，完全可以光明正大地敞开谈。高书记只好表示接受。在联席会议上，双方的领导互不相让，一时间甚至都有人拍起了桌子。

焦书记站了起来，首先从乡谊出发，表明自己的山东籍贯，再讲述了兰考群众饱受洪涝灾害折磨的痛苦，然后胸有成竹地提出了自己的计划：山东的河道要改造，挖河的粮款兰考负责，河滩里损失的青苗兰考包赔，太行堤上的闸门和两县境内的桥梁涵洞由兰考修建，总的来说，洪水一定安全过境，不会给曹县的群众带来损失。

焦裕禄的计划，合情合理，不偏不倚，无论是对兰考，还是对曹县，都大有裨益。如果计划施行，兰考的水患找到了出海口，洪涝灾害的压力大大减轻；对曹县而言，虽然损毁了一些水利工程，被淹没了少许耕地，但兰考负责原价赔偿，所以也谈不上大的牺牲。何况如果兰考发生的大水灾，超出了堤坝的承受能力，最后堤毁人亡，曹县作为下游，绝不可能幸免于难。以邻为壑不对，但如果对别人的灾难袖手旁观，任由问题积累，最后一定也会搬起石头砸自己的脚，付出惨重的代价。

表面看来，两县群众之间历史积怨很深，但其实深入观察，两县群众的情谊也很深，沾亲带故的不少，相互通婚的也多，经济往来更是从未停止。除开"大堤事件"，双方并没有多大的矛盾，之所以纠结不前，主要还是两个县委缺乏沟通，不明白对方的想法和底牌，同时也担心区域利益受损，带来群众的不满。只要有好的交流，能有一个双方都可接受的治理方案，其实打破僵局也就是一句话的事情。

话说开了容易，但说破之前，不但需要有勇于沟通、不回避难题的胆量，还要有善于谋划全局，推己及人的政治胸襟，焦裕禄恰好做到了这两点，所以长久悬而未决的问题迎刃而解。有人说焦裕禄善于谈判，但其实焦裕禄并没有华丽的辞藻，也没有动人的语言，全都是实实在在的换位思考和一心为民、大公无私的精心谋划。在发展的过程中，很多难题看上去望而生畏，似乎根本找不到出口，也让一些领导干部乐于守成，不敢也不愿沉下心去破局，不求有功，但求无过。但作为领导干部，放任群众的痛苦而不思作为，就是最大的"过"，在为人民服务的实践中，无功即是过，又岂能自称"无过"？

两县联合治水的协议方案达成了，各自向上级组织做了汇报，并向水利部门要求技术和工程支援。很快，上级组织也给出了积极的回应，对两县联合治水大力支持。看来，问题比想象中的要容易许多。结果皆大欢喜，兰考县委和曹县县委一起组织两县群众，聚集在一起为彻底治理水患而努力。曾经参加械斗的群众又开始了肩并肩地一起挖河修堤，共同翻开了社会主义大团结的新篇章。

第三节
小片包荒

20世纪60年代的兰考，和全国2000多个县城一样，实行集体生产，粮食统购统销。但兰考又和其他地方不一样，风沙、盐碱加洪涝，这三大灾害折腾得人们直不起腰，兰考被贫困县的帽子压得严严实实，丝毫没有解套的苗头，年复一年，日复一日，苦日子似乎没有尽头。1963年的罕见大洪水，让兰考的困难雪上加霜，逃荒成了兰考人的唯一出路。兰考并不是不能自救，兰考人也并不缺智慧和勤劳，几次大动员，焦书记就发现，兰考的潜力不可限量，但问题就在于如何把这潜力挖掘出来。

一次焦书记下乡，看到一位老农民在拔路边的青苗，青翠的豆荚已经快成熟，可不等收获就被连根拔起，扔在大路上被晒死。一问才知道，生产队的队长说了，在路边种豆子，这是走资本主义道路,这股歪风邪气必须刹住,社会主义强调"一大二公",地里的一切收成应该颗粒归公,在路边发展私有产业,要严厉打击,老人的行为被作为全队的反面典型来批斗,还要他亲自把自己种下去的豆子给拔干净。

那个时代的人们都知道一句话,叫"宁要社会主义的草也不要资本主义的苗",在当时非常流行。社员们从事集体生产,只要组织得法,也一样能取得良好的收成,可以为国家工业化的大目标服务,但如果组织不力,生产就会窝工,到最后,集体力量还不如个人力量之和。

曾几何时,善于经营的庄稼人,在集体生产之外,看到路边还有少许荒地,屋前院内还有一些空间,就见缝插针地种上一些瓜果蔬菜,作为口粮的补充。到年底收获的时候,公社领导发现,农民自家旁边的那一茬庄稼长得比生产队公田里的好多了,就认为农民的觉悟太低,集体劳动不出力,多余的精力全用在自家那点边角地上,在自家的地里勤捉虫、深挖土、广积肥,公家的地里三令五申无人管。这样发展下去,社会主义集体生产迟早要败坏到无法维持的地步。

兰考共有耕地面积105万亩,荒山林地也有几十万亩,耕地基本在集体控制之下,而那些荒山林地、屋前屋后的空地,都还处于放任自流的状态。任何集体都不可能强大到可以控制一切的地步,总还有集体没有掌握到的资源,对于这些资源的利用，则分歧颇多。有些人认为，如果是交给集体控制，未免也太过烦琐，集体承受不了这种负担，因为太分散，实施起来有相当的困难，甚至是几乎不可能；但如果交给私人处理，这将是滋生私有制的肥沃土壤，这种苗头助长不得，说严重些就是，要不了多少年，这块土地上会出现贫农和富农的差别。

还有最后一种稳妥的方式，那就是任由那些边角地荒芜在那里，这样既不会增添集体的负担，又无须担心私有制复生。但这样做就是一种极大的浪费，在群众口粮还不能满足的情况下，可以说是一种犯罪，把上天赐予的资源白白浪费，也不让其发挥功能。

焦书记在县委常委会上提交了一份小片包荒的生产自救计划，它针对兰考大灾之后的实际情况而制定，目的是尽量鼓励社员的生产积极性，充分利用一切条件和资源，挽回损失，扩大生产，解决口粮困难。但这份计划却引起了巨大的争议，有些常委看到计划书上的这个"包"字就头大，在20世纪60年代提"包干"是要冒巨大的政治风险的，随时可能被扣上右倾的帽子。

县委常委李成提出质疑，中央对农村的政策历来是强调"一大二公"，鼓励集体生产，消灭个人主义，在这个前提下提承包，是县委在政治上不成熟的表现，县委必须保持清醒的头脑，不能如此轻率地做出这种决定，这是事关原则的大问题，说严重一点,这是在否定公有制的优越性,是在向社会主义反攻倒算。

另一位常委也跟着附和,一旦农民在承包上尝到甜头,这种制度会不会冲击到我们现在的集体生产?这到底是权宜之计还是一项长期制度?有没有来自中央或省委的许可?万一上级不支持,风向一变,谁来承担政治责任?

也有常委出来和稀泥,要不为了稳妥起见,我们干脆不发文件,把各个公社的书记找来开一个碰头会,要他们自行操作包荒的问题,县委暗中支持,万一风向有变,我们就可以说是农民的自发行为,县委并不知情,再出面纠正也不迟。

整个县委会议室沉默了。焦书记主动打破紧张的气氛,他深刻地指出,小片包荒是兰考在大灾现实下的自救行动,其目的在于充分调动群众社员的积极性,不否定集体生产,更谈不上向社会主义反攻倒算。好好的土地荒芜在那里,而任由群众饿肚子,这样的县委是不称职的。自古王者以民为天,民以食为天,百姓辅之则强,百姓背之则亡。这是封建皇帝都懂的道理,我们的人民政权怎么能不把老百姓的吃饭问题放在首位?农民利用一点边角地发展生产,不会有什么大问题,只会形成有益的促动。兰考至今仍然陷在灾难的泥坑里,只要有助于生产自救,将来追究政治责任,县委第一书记一人承担。

在那个特殊的年代,很多干部都选择明哲保身,在重大决策面前打太极，害怕一不小心犯了错误。焦裕禄却敢于冒政治风险，敢于将官位和自身得失置之度外，事实证明，他是正确的。在风云变幻的历史中，判断决策的正确与否，评判的关键在于出发点是否站在群众的立场。

在焦裕禄的动员下，县长程世平和副县长张希孟也当场表态支持，小片包荒的政策终于确定下来，兰考人的自救生产正式拉开序幕。

第四节
用砖窑救灾

一场罕见的大风沙再次降临了兰考大地，这场大风沙摧毁了刚刚整修好的农田，把种下去还来不及生根的泡桐树苗连根拔起，已经成年的大树也难以幸免，地里的庄稼一片狼藉。这场风沙持续了十多天，每天都在九级以上，大风发出刺耳的啸叫，如同一条黄龙在空中翻滚，遮天蔽日，了无生气，似乎想将这片土地上的生灵赶尽杀绝。之前的大种泡桐还未来得及发挥成效，胶泥封闭的沙丘还来不及巩固，大自然以它强大的破坏力根本不给人们丝毫的喘息之机。

焦书记之前领导群众与天斗、与地斗、与兰考的风沙和盐碱斗，受灾了，群众绝望了，我们这么努力有啥用呢？还不如躺在家里睡大觉。不光群众心灰意懒，连县委班子也是长吁短叹，这样干下去有啥希望呢？不如尽快调走算了，兰考县委组织部天天都会接到要求工作调动的申请，难怪兰考群众会说"宁愿提着包袱要饭，给个县长也不干"。在兰考当干部，吃不饱穿不暖，还背上沉重的思想包袱，子女跟着受累。甚至有的干部建议向国务院申请，撤销兰考县的建制，一部分给开封，一部分给曹县，这兰考的工作没法干了。

一位兰考干部写了一首打油诗，在县委大院广为流传，名叫《十二愁》："吃也愁，穿也愁，住也愁，烧也愁，前也愁，后也愁，黑也愁，白也愁，进门愁，出门愁，愁来愁去没有头。"这就是当时困难形势下，兰考干部的思想状态。焦书记看到这首诗，首先想到的不是批评教育，而是稳定干部队伍的情绪。焦书记常说的话是："干部不领，水牛掉井。"连干部都没有奋斗的信息，群众就真的没有指望了，干部是群众的主心骨。

焦书记在县委干部会议上讲了一个故事：春秋战国时期，有一位历史学家，花费了毕生的精力写成了一本巨作，当他写完时，已经须发皆白，就靠这本书，大概也能流芳千古了。但他没有想到的是，就在写完书稿的第二天，家里失窃，那本饱含终身心血的鸿篇巨作不见了。人们都猜测，这下老人肯定挺不住了，因为年纪都已经那么大了，书是老人的命根子，在整整几十年里，写书是老人唯一的寄托，现在书没了，老人连活下去的意义都没有了。但让大家吃惊的是，第二天早上，又看到老人在家挥毫泼墨，原来老人在伤心之后并没有绝望，而是下定决心要重新再来。又是十多个春秋的寒灯苦冷，老人终于完成了重写的任务，这时，他的眼睛也瞎了，耳朵也聋了，手脚也不利索了，但他和他的书却得以名垂青史。这位老人就是写出《春秋左氏传》的鲁国史官左丘明。

我们共产党的干部为什么不能不屈不挠地搞建设？一点困难和挫折又算得了什么？千秋之下，自有公论，在灾难面前，干部挺身而出，人民群众不会忘记我们，历史也不会忘记我们。

在焦书记的动员下，兰考的干部放下了思想包袱，冲到了救灾的第一线。但光是解决了干部的情绪，群众的情绪也不能不管。焦书记带着整个县委班子下乡了，在受灾最严重的汤坟大队和寨子大队，看到的是成群结队准备逃荒的社员。干部苦苦劝说根本不起作用，孩子的哭声和大人激动的吵闹声连成一片，在风沙中几乎听不清楚大家在说什么，但有一点是肯定的，群众逃荒的决心是强烈的。

这两个大队民房损毁了一大半，地里干干净净，几乎是颗粒无收，根本没有救灾返种的条件，不逃荒，难道喝西北风？在损失面前，干部们的劝解显得苍白无力。在群众最关心、最直接的现实利益面前，干部们一时束手无策。

在人群中，焦书记突然看到烧砖窑的老把手满常，计上心来。这一片自古就以烧砖窑闻名，烧砖窑是副业，在合作化时代是被限制的，这就导致了很多手艺人变成了地道的农民。但现在是不是可以把这个手艺恢复起来呢？正处于国家大建设时期，城市里的工程需要大量用砖，而且兰考背靠铁路，公路也比较发达，联系好销路，应该是条挣钱的路子，挣到钱拿出来买粮，也解决了生活困难，比逃荒要好，因为这是自救的路子。多修几座砖窑，手艺人可以解决，没有手艺的社员也能做小工，一样算工分。

焦书记把逃荒的群众召集起来，对大家讲述了他的设想，话还没说完，就有社员提出，我们连买煤的钱也没有，拿什么烧窑啊？我们也出不起运费，砖怎么卖得出去呢？焦书记立即表态，煤可以马上去协调，至于运费，也可以由县委出面赊账，社员只管把砖烧出来，剩余的事情交给县委，务必请大家相信组织，工分不少挣，口粮不少拿，如果明年我来这里，乡亲们还拿红薯叶当干粮，县委第一书记引咎辞职。

群众激动了，为了修砖窑，很多社员把用于逃荒救济的鸡蛋都捐了出来。社员群众不分男女老少都参加了打砖坯的劳动。砖窑修好了，砖坯也打好了，可是该运来的煤却左等右等不见来。兰考不是工业县，国家分给兰考的煤炭指标本来就少，现在要大量用煤，就需要上级主管部门协调，一来二去需要时间，可是砖窑不能等，否则砖坯就全裂了。

一声呼喊，群众社员集体上山挖树根，1959年那会儿，大树砍完了，不是还有烂树桩子在嘛，大家就把树根挖出来，做烧窑的硬柴，多少也能顶几天。几天后，运煤的车子终于开进了村，砖窑的火越烧越旺。大家都知道，这是焦书记点燃的，没有焦书记，大家都不知道在哪里逃荒呢。

第六章
干部的字典里不能有特权
——廉洁奉公、勤政为民的奉献精神

第一节
一件棉大衣

焦书记最好的行头就是当年在洛阳机械厂,准备去进修时,妻子徐俊雅为他亲手做的一件黑色大衣,为了这件大衣,全家把一整年的布票都省了下来。焦书记每次到了重要场合才舍得穿,一般都放在家里,自己动手叠得整整齐齐。在吃穿方面,焦书记从来不讲究,每次下乡多数时候都是自带干粮,吃着冷窝窝头,喝凉开水,一样干革命。衣服破了,妻子就不停地补,实在补不了,就改做内衣或者袜子。

焦书记的家庭负担是比较重的,育有六个子女,加上岳母帮忙带孩子,还有老家的母亲和侄子需要不时接济,光靠夫妻二人的工资,养活那么多人,是比较困难的。在洛阳是拖家带口,后来到大连进修也是拖家带口,再后来到尉氏县任县委副书记,先是一个人过去,随后家眷也都到了。在洛阳机械厂任调度科科长，主管全厂的生产工作，是一个重要部门，巴结他的人不少，但他的生活却丝毫没有改善，到他家里一瞧就知道什么原因了。不是自己的，绝对一分钱不动，绝不占公家一点便宜，这是他的原则。

到尉氏县做县委副书记，组织考虑到他的困难，在布票和口粮的供应上给他一点补贴，他坚决退回去，不做特殊党员。过年的时候，别人家多少总有一点肉，焦书记家里只能吃豆腐熬白菜，孩子们提出抗议，为什么别的叔叔家里有鱼有肉，而我们家过年也吃白菜呢？馒头还是玉米馒头。焦书记总是沉下脸教育他们，不要和别人比吃穿，不要从小就养成贪图享受的坏习惯，吃苦是一辈子的财富。

接到上级地委的调令，焦书记马上要离开尉氏县去兰考任职，担任兰考的县委第一书记，尉氏县县委特意召开了班子会议，决定在走前，为焦书记解决一点生活困难，从县委办公经费中拨出一点，为焦书记做一身新棉衣，也顺便为他的几个孩子做一件棉衣。焦书记是尉氏县出去的干部，也代表着尉氏县的形象，为焦书记买一件棉衣，既是同志们和焦书记一起共事的感情见证，也是组织照顾困难干部的一种政策，同时也是对焦书记在尉氏县工作成绩的肯定，这件事既然能在班子会议上讨论，就证明是经得起考验的，是光明正大的政策行为。

兰考经济条件差，干部待遇在河南全省是处于最下游的，从来只有干部调出兰考，极少有人愿意调进去，焦裕禄担任兰考县委第一书记是地委的决定，是对焦裕禄能力和水平的充分信任。焦书记从来不占公家一分一毫的便宜，去了兰考，哪怕是行政主官，工资也不会高到哪儿去，这一家人的生活只会更困难。

尉氏县第一书记夏凤鸣决定亲自去送焦裕禄，到他家里一看，孩子们还穿着单衣，在大冬天里，冻得瑟瑟发抖，不禁眼眶湿润了。夏凤鸣抱起跃进，摸摸孩子冻得通红的小脸，从兜里掏出一颗糖放到孩子嘴里。夏凤鸣来找焦裕禄就是通知棉衣的事情，上午班子会议已经讨论过了，全体班子成员都没有意见，还特意打电话向地委书记张申做了汇报，上级也批准了。其实也就是一件棉衣，完全不用费那么大周折，但因为老夏知道焦裕禄的为人，不是组织决定，他绝对不会占公家一点便宜，这种送棉衣的行为是为个人谋私利，东西事小，原则事大，焦裕禄是无论如何也不会答应的。

但一向把服从组织决定视为生命的焦裕禄听说这个事情后却坚决不同意，他的理由也同样充分，共产党的干部就是"一张纸"，干部调动如果带走公家的东西，这个口子一开，将来不好处理，今天可以带走一件棉衣，将来有人要带走吉普车怎么办？要带走秘书怎么办？干部调动只能是赤条条地来，赤条条地走，只能带走自己的私人物品，要两袖清风地来，也要两袖清风地走。夏凤鸣没有料到焦裕禄是这种反应,一时不知道怎么说服他,看着衣着单薄的焦裕禄,再看看他家徒四壁,一群瑟瑟发抖的孩子,他们真的很需要棉衣,想到这里夏凤鸣拿出了第一书记的架子,正色对焦裕禄说,目前手续还没有交接,焦裕禄现在还是尉氏县的县委副书记,关于棉衣的事情,是地委和县委常委会的决定,希望焦裕禄服从,同时作为党员干部,对于组织的决定,也只能服从。

焦裕禄仍然据理力争,他认为这不是棉衣的问题,而是干部作风的问题,把棉衣穿在身上,心里却不踏实,忍得一时寒,免得百日忧。谢谢组织的关心,也感谢同志们的好意,但这棉衣的决定,恕难从命,虽然党员从纪律要求上,必须服从组织命令,但这个命令本身是针对个人的,可以探讨。如果这种命令放任开来,干部的特权闸门就被打开,从此一发不可收拾。面对焦裕禄的"雄辩",夏凤鸣知道多说无益,同时灵机一动,干脆脱下自己的棉大衣披在焦裕禄身上,这下好了,焦裕禄无话可说,因为这既不是组织的决定,也不是公家的财产,而是同事的旧衣服,如不嫌弃就穿着,如果嫌弃可以扔了。同事之间换穿衣服,合情合理又合法,这也不算特权,更谈不上送礼。夏凤鸣大踏步地走了出去,焦裕禄呆在那里。

一个堂堂的县委书记,居然舍不得买件棉衣,要知道一个大队队长要买件棉衣也不是什么困难的事情。

焦裕禄从来都是默默地坚持自己的原则，从不声张，严于律己，宽以待人，很多别人觉得无比正常的事情，在他看来却不一样。夏凤鸣赠送的棉衣，焦裕禄接受了，这是同事的情谊，不容拒绝；地委书记送的两瓶粮食酒，他也接受了，这是领导的情谊，焦裕禄不是食古不化的人，也尊重人情世故。但在原则面前，他绝不后退半步。

第二节
处分老洪

在欢迎焦裕禄上任的兰考县乡两级干部会上，台下有一个人焦书记总觉得特别眼熟，似乎是多年前的故人，但自己又不太确定，因为近20年没有联系，人都是会变的，谁也不能肯定眼前这个人就是自己认识的人。奇怪的是，台下那个人看焦书记的眼神也不对，看着看着似乎有话要说，可是正在开会，谁也没法开口。

好不容易熬到散会，焦书记大踏步赶上去，追上那个人一看究竟，这一看，没想到真是20年前的好兄弟洪哥，而洪哥也立马认出，这位台上意气风发的书记就是自己原来的小跟班禄子。二人热情地拥抱在一起，他们找到一个小饭馆，要了一瓶粮食酒、一盘花生米、一盘猪腰子，边喝边聊，好不畅快。

洪哥不但是焦裕禄的结拜大哥，还是他的救命恩人，这就要从20年前讲起。1943年，20岁的焦裕禄因为与日本兵发生冲突，被关进县城的日本宪兵队，母亲苦苦营救而未果，最终被押到辽宁抚顺的大坑山煤矿做苦力。在大坑山煤矿他认识了做保安的洪哥。那时候洪哥也就30岁左右的样子，觉得焦裕禄有文化、人本分，最重要的是讲义气、有血性，还和自己有共同的爱好——喜欢拉二胡，两人就结为兄弟，那时候，洪哥没少照顾焦裕禄。在洪哥的帮助下，焦裕禄才逃出劳工营，捡回一条命，回到故乡。

这是救命之恩，焦裕禄终生铭记在心，一直都渴望能有机会再见到自己的恩人和知心大哥，也不知道自己逃脱后，日本人有没有报复洪哥。没有想到居然在兰考能和20年前的大哥重逢，这可是梦里才会出现的场景啊。当年的洪哥现在已经成了老洪，是兰考县张营公社的党委书记，早已经在兰考安了家。当年送走焦裕禄后，害怕日本人报复，干脆也一逃了之，一直往南跑到了河南兰考，在这里先是做长工，后来慢慢安顿下来。

焦裕禄做了兰考的县委书记，洪哥好不高兴，这下可有靠山了，这关系可不一般，从此在兰考不用担心别人欺负了，有焦裕禄撑腰呢，整个兰考县也只有老洪敢直呼焦书记"禄子"这个小名。有焦裕禄做靠山，老洪的工作也越来越随意，谁都知道他和焦书记有过命的交情，还哪里敢说他的不是？巴结老洪就等于巴结了焦书记，自从焦裕禄来兰考后，来老洪家送礼的人多了起来，有时是一袋子花生，有时候是一坛子香油，老洪的老婆也是个贪财的人，一概来者不拒。

焦书记又下乡了，这次决定去张营公社，顺便看看大哥老洪，走在路上听说张营公社的杜瓢村受灾很严重，临时起意先去看看。走进杜瓢村，突然看到满山墙钉着牛皮，这一下惊到了焦书记和秘书，牛可是农村人的宝贝，耕田全靠它，怎么会突然出现这么多牛皮呢？难道牛都没了？带着疑问，焦书记看到一个老汉在牛圈里清理干牛粪，走进去一看，一头牛也没有了。

老汉为焦书记揭开了牛皮之谜。老汉是杜瓢村的饲养员，本村有三十多头牛，今年年初受灾，牛没有草料，个个瘦得剩下皮包骨，他把地里的草根都挖光了，还是不够牛吃，干部不但不管，还把上级送来的配方牛饲料偷偷卖了，去公社反映情况，人家说，牛吃草，天不长草，谁有法？公社干部天天喝酒吃肉，牛死了，正好宰了吃炖牛肉，你看，这最后一头牛也在昨天饿死了。公社书记老洪每天只知道喝酒，有次喝多了，吐了一地，几只野狗冲上去抢着吃，结果狗也醉了。

听到老汉的揭发，焦书记不禁心凉，原来洪哥干工作是这个样子，马上去一探究竟。到张营公社，看到几张办公桌拼在一起，几个干部正在喝酒，桌上果然是炖牛肉，地上一排的空酒瓶。老洪赫然坐在主位，正陶醉地拉着二胡，见焦书记进来，立马起身拉他入座。焦裕禄怒不可遏，大声地斥责了在座的干部。大家从来没有见过焦裕禄生气至极的样子，全都吓坏了。焦裕禄毫不留情地对洪哥一顿猛训，然后头也不回地走了，老洪愣住了。

焦书记一走，几个公社干部像丢了魂，但老洪不怕，似乎胸有成竹，如果焦裕禄因为这个小事处分他，那也太不讲良心了，自己当年救过他的命，他要是恩将仇报，以后在县委就没有威信了，谁还拥护不讲人情的书记？他处理谁都不可能处理自己，再说，自己也没有贪污多占，就是吃点喝点。

在讨论杜瓢村干部破坏耕牛和大吃大喝的县委常委会上，一些常委认为耕牛被破坏不是干部的责任，而是灾难条件下的必然结果，风沙导致草料缺乏，这是自然的破坏，是天灾而不是人祸。每个村基本上都有饿死耕牛的现象，县委筹集的专用饲料是远远不够的，因为自然原因而处分干部是不恰当的。干部大吃大喝的确不对，但只要没有涉及贪污，那处理干部还显得依据不足。

焦书记拍案而起，在这么困难的条件下，我们的公社干部还能吃牛肉，还能喝好酒，这就是对人民的犯罪，这种歪风邪气不止住，兰考的干部队伍没有希望。在这种条件下能大吃大喝的干部，党纪观念和群众观念是很淡薄的，这样的干部不处理也对不起兰考的几十万群众，也对不起饿死的耕牛。就这样，老洪的公社书记被撤职了,这是很多人,包括老洪本人都没有预料到的结果。

从此,老洪与焦裕禄形同陌路,哪怕焦裕禄后来多次登门解释也无济于事,老洪不愿见他,一直到焦裕禄去世。焦裕禄去世后,灵柩运回兰考,老洪拿了一瓶白酒来拜祭他,靠在灵前泪如雨下。

第三节
"看白戏"

大儿子国庆很晚才回家,焦裕禄觉得很奇怪,一个学生,比县委书记还忙?不可能是在学校学习,学校早关灯了。国庆如实告诉父亲自己是去看戏了,这下焦书记更奇怪了,在他的印象中,孩子是没有零花钱的,吃饭在家里,穿衣是母亲在张罗,从来没有给过孩子多余的钱,那看戏哪儿来的钱。焦国庆兴奋地告诉爸爸,他和几个同学一起去看戏,大家都没有钱,但他告诉检票员爸爸是焦裕禄,检票员就全部放行了,一分钱没花。

听到儿子的解释,焦裕禄沉下了脸,二话不说,拿了把尺子狠狠地抽下去,孩子疼得眼泪直流,国庆并不服气,爸爸本来就是焦裕禄,也没有骗人,一张戏票才三毛钱,何至于挨打。于是昂起头和父亲顶嘴,焦书记打得更凶了,孩子的手都被打烂了，母亲拦都拦不住。

打完孩子，焦书记对国庆进行了教育，打着县委书记爸爸的旗号免费看戏，是占公家的便宜，是剥削行为，是特权思想在作怪，是走后门搞不正之风，县委书记的家人做这种事情，是对不起兰考的群众的。从小占公家小便宜，长大后占大便宜，这就离犯罪不远了。国庆听到爸爸的解释惭愧地低下了头，向爸爸道歉，并提出明天去补交票钱。看到儿子真心悔过了，焦裕禄心疼地摸着儿子的手，并决定明天和儿子一起去补票，另外请儿子再看一场戏，作为悔过的奖励。

第二天一下班，焦书记就带着儿子来到县戏院，在售票口就碰到县委的打字员小王，小王也认出了焦书记，连忙赶来打招呼。今天是《梁山伯与祝英台》的首场，开封来的二夹弦，在河南非常受欢迎，所以县委很多同志也来看戏了。小王已经买好了票，焦书记一看居然是五排一号，刚好正中间，今天人这么多，小王怎么能买到这么好的位置呢？一问才知道，售票员只要一看是县委的人，就主动安排好位置。如果是县委领导，不但不用买票，还能走特殊通道，避开和群众拥挤，被直接带到整个戏院最好的位置第三排。

第三排是县委领导专用座，多年以来，兰考县戏院就有一个不成文的规矩，那就是第三排的座位不卖票，无论有没有人，都给县委领导留着。时间一长，群众把坐在第三排的人称为

"老三排"，能坐在老三排的人都是兰考的头面人物，是身份和地位的象征，县委书记干脆就被称为"老三排排长"。

焦书记为了检验说法的真实性，就委托了一位大爷帮忙买三张票，为的就是补一张票钱。拿到票一看，果然有问题，小王能买到第五排正中，老大爷只能买到二十七排的边上三个座位。小王要和焦书记换票，焦书记没有同意，带着儿子就进场了。到了门口，检票员认出了焦书记，提出要带焦书记走快速通道，焦书记拒绝了，还让儿子为昨天的"看白戏"道歉。

焦书记刚入座，戏院的礼堂主任得到消息就赶了过来，焦书记来看戏，礼堂主任按照惯例自然要出面陪同，看到焦书记坐在老后面，这可怎么行呢？这不是坏了规矩吗？硬是要拉焦书记换位置。焦书记不同意，我们买票就是要对号入座，如果随便换位子，那才是真的坏了规矩，坏规矩的事情县委书记是不干的，戏院工作人员也不能干，礼堂主任只好也跟着买了一张靠近焦书记的票。

戏还没有开始，老三排已经陆续有人入座，焦书记看到了很多熟悉的同志，包括县委的班子成员。老三排不但不用买票，走快速通道，还能享受茶水供应，后面的群众只有眼巴巴看着的份儿。老三排的人消息很灵通，很快就知道了焦书记也来看戏，并且坐在老后面，这些人的职务比焦书记低，怎么敢坐在领导的前面？马上就偷偷摸摸地跑到了后排，老三排迅速就空了下来，大家志忑地看完了这场戏，国庆看得很兴奋，焦书记却心里不是滋味。

　　第二天县委的常委会上就提出了关于领导干部看戏的问题，在座的很多常委同志脸上挂不住了。焦书记语重心长地告诫大家，兰考是一个穷县，整个县城几乎没有什么娱乐设施，几十万兰考人也没有什么精神享受，唯独有这个戏院。社员群众好不容易攒点钱来看戏，但无论来多么早，好位置永远是买不到的。我们的领导干部买票却不用花一分钱，还能心安理得地坐好位置，还能享受茶水，这就是典型的脱离群众，说严重一点这是特权思想，是搞特殊走后门，可是这是谁给我们的权利呢？

　　此前兰考县委成立了"反走后门办公室"，专门收集和治理领导干部的不正之风，发现了很多触目惊心的现象，很多领导干部不但看戏不用给钱，其他不用花钱的地方更多。县委领导每月的口粮，粮站的同志挑选最好的，还尽量多称，最后还亲自送到家里。每个月烧的煤，煤栈的同志专门挑选小颗粒煤，甚至做成蜂窝煤，量和质都做到最好，还亲自送到府上。甚至吃的蔬菜也有人送上门来，在最紧张的情况下，还能供应肉类。他们理发不用花钱，坐车不用花钱，家里水电坏了，一个招呼马上就有人来处理。

　　这些待遇很多都超过了国家的规定，如果每个群众都能享受到这般待遇，那兰考还不成了幸福的天堂？还不早就摘掉了头上的穷帽子？在焦书记的主持下，县委下发了《十不准》通知，不准任何一位干部用任何方式搞特权，不准任何干部和他们的子弟"看白戏"，不准……

一场"看白戏"的风波，引发了县委的《十不准》廉政风暴。

第四节
守凤找工作

焦书记的大女儿守凤初中毕业了，没有考上高中，马上就面临着就业，正在母亲发愁的时候，很多单位送来了招工表，这些单位还都是县里比较风光的单位，有教育局、劳动局、卫生局、工业局、工商局、粮食局，甚至还有县委机关，一下搞得守凤目不暇接，母亲也不知道选哪个单位好。

那些送表的同志都很热情，教育局的同志说守凤来了可以安排在县中心小学教语文，女孩子教书不错，如果愿意也可以到教育局机关。工业局的同志说守凤只要来了可以推荐到郑州去上大学，学费单位出，还有工资，毕业后直接留在局机关做技术管理。粮食局也是香饽饽，工资福利是所有单位中最好的，守凤如果愿意去，可以安排做会计，不会不要紧，有师傅带。

这下守凤母女都犹豫了，这些单位可都是好单位，随便去哪一个都不亏，但既然工作是一辈子的事情，怎么能不慎重呢？要不等焦裕禄回来再做决定。焦裕禄是县委书记，站得高看得远，应该能最佳地规划守凤的职业之路。几天后，焦书记回家了，看到守凤闷闷不乐就安慰她，没考上高中没什么，焦裕禄本人还是小学毕业，还不是一样干革命？读完初中已经是秀才了，很多农村的孩子连小学都念不起。现在毕业就去农业大学参加农业劳动，或者学理发也不错，反正一句话，劳动光荣，县委书记的女儿一定要劳动，社会主义国家的重要原则就是按劳分配，不劳动是极其可耻的。

守凤看爸爸这么看不起人，丢给他一沓招工表，有教育局、卫生局、粮食局、建设局等，焦书记一看愣住了，守凤一个初中毕业生，成绩也就中等，怎么就吸引了那么多好单位的注意呢？难道兰考出现了人才荒，或者面临招工难？守凤的其他同学难道都有这么好的着落？一问才明白，守凤的同学都快急死了，初中毕业找不到工作单位，全家都在发愁。守凤为什么能收到那么多的招工表，而别人一表难求，原因不言自明，焦书记怎么会不知道？

焦书记拿起那些招工表放到自己的包里，骑着自行车就离开了家。守凤和母亲以为爸爸是替女儿去落实工作了，高兴得不得了，别看爸爸平时挺严肃的，但关键时刻没有不疼闺女的，闺女找工作可是一辈子的事情，做父亲的怎么能不上心呢？别的方面要讲原则，子女就业可不一样，一辈子只有一次啊。

焦书记把这些招工表单位的负责人都叫到了自己的办公室，给他们倒茶点烟，这场景就像是拜托帮忙，县委书记找一个二级单位的领导做点事情，那还不是有求必应。这些负责人也心知肚明，以为焦书记找他们来，是要确定一个最佳单位，安排自己的闺女。如果能把焦书记的闺女招到单位，就意味单位受到了县委的重视，以后的工作岂不是好开展得多？他们纷纷表态，只要守凤来，在职权范围内一定给予最好的安置，可以免除试用期，可以增加工龄，可以提干，可以送出去委培，等等。

焦书记打断了他们的发言，接下来的表态让大家目瞪口呆。焦书记找他们来，只是为了表达一下谢意，另外了解一下今年的招工计划。对于守凤的安排，焦书记却说一个单位也不去了，守凤只是一个初中生，成绩一般，去了这些单位，恐怕不能胜任，目前应该补上劳动课，随后他自己会安排一个能参加劳动的工作。各大局行的负责人见焦书记如此表态，大感意外，纷纷提出可以安排守凤下基层锻炼，之后再提干，焦书记摆了摆手，说不必了，自己已有安排。

焦书记回到家，把事情的原委告诉了守凤母女，守凤委屈地哭了，为啥就不能去呢？别人想都想不到的机会呀。焦书记回答，就是因为别人想不到，你也不能要，县委书记的女儿本不该有任何优越，凡事要靠自己努力，别人才看得起，靠爸爸不算本事。守凤的姥姥说："你焦书记在外面怎么讲原则我不管，你做你的好书记，但守凤的工作我管定了，你要是不给孙女安排个好工作，我就不帮你们带孩子了，我回老家去。"姥姥发了狠话，家里的气氛一时变得非常紧张。

第二天，守凤意外地穿着一身绿色的制服回家了，实在太令人高兴了，因为守凤和几个同学一起参加了邮电局的招工考试，凭自己的本事考上了长途接线员这个职位。这个工作不需要什么高深的文化，守凤的普通话也还不错，干这个正合适，最重要的是，邮电局的长途接线员也是个体面的工作，劳动量不大，还是带有国家编制的正式工。

但事情又出现了意外，焦书记碰巧要打长途，在电话里听到接线员的声音很耳熟，一问原来是守凤，焦书记才知道，守凤已经在邮电局上班了。既然这次是女儿凭真本事考上的，应该没有什么不妥吧？可能邮电局领导还不知道这是焦书记的女儿呢。但焦裕禄始终认为女儿应该从最基层、最艰苦的岗位干起，长途接线员这个工作还是太舒服了。守凤一个初中生，一毕业就找到这么好的工作，对老百姓子弟也不公平。第二天，焦裕禄亲自到邮电局说明情况，守凤的工作就这样被爸爸"搅黄"了。

焦书记终于出面为守凤安排工作了，他亲自带着守凤去了食品厂，找到厂长，要求分配给守凤最苦最累的工作，说这孩子在家娇惯了,应该受受劳动的磨炼。厂长只能遵命,整个食品厂最苦最累的就属酱油车间,守凤的新工作就是每天不停地担着酱油桶,在不同的门市部间穿梭。守凤不服气,可又不敢违抗父亲的安排,只好挺着稚嫩的肩膀,每天担着两个巨大的酱油桶,一摇一摆地送货,送完货,已经分不清哪是泪水哪是汗水。

  领导干部利用自己的影响为子女找好工作,很简单,只需要一个电话,甚至是一个姿态表露,立即就有溜须拍马之徒把事情落实。殊不知这是对社会公平的践踏,也是对人民权利的侵犯。焦裕禄作为兰考县委书记,解决子女就业只需一句话,但他宁愿子女做最劳累的工作,也不愿意接受送上门的"好意",这种做法时至今日还有很多人不能理解。领导干部管好自己的下属和家人,不仅仅是党纪国法的硬性要求,更是领导自身修养的直接体现。

第七章

把评判交给历史

第一节
一场特殊的报告会

1964年5月下旬，河南省召开全省沙区造林先进工作会议，按照当天的会议议程，上午有四位沙区造林先进县的县长发言，每位县长的时间必须控制在1小时之内，排在第二位发言的是兰考县长程世平。当天的会议上程世平讲着讲着就离题了，时间也大大超过了1个小时的限制，在座的副省长及会议主持人却没有干预他，所有的出席听众也听得全神贯注。程世平跑题是不自觉的，他在介绍兰考经验的时候，有一个人的名字频繁出现，那就是县委书记焦裕禄。

河南全省的沙区造林先进工作会议就这样变成了一场个人先进事迹报告会，程世平讲述中不时声泪俱下，让人动容。包括副省长王维群同志也大为感动，支持和鼓励程世平继续讲下去，不受时间和议程的限制。程世平一口气讲了2个半小时，一直讲到全场400多人泣不成声，副省长王维群干脆宣布，会议议程立即变更，下午集体讨论焦裕禄事迹。

程世平的讲述，包含了很多有价值的细节，让人印象深刻。比如焦裕禄停止呼吸前2小时，河南省委组织部的同志前去看望，问他有什么愿望，他艰难地说："感谢组织对我的关怀，我没能完成党交给的任务，没能实现兰考人民过好日子的心愿，心里感到难过。我活着没有治好兰考的沙丘，死后希望组织把我运回兰考，埋在沙丘上，看着兰考人民把沙丘治好。我死后，不要为我多花钱，省下来，支援灾区。"这就是焦裕禄留给世人的遗言，他在生命的最后一刻，心中仍然装满了对组织的赤诚和对人民的热爱，唯独没有给自己留下一丝位置，其强烈的党性意识和宗旨观念为广大党员树立了一座巍峨的丰碑。

再比如，焦裕禄家徒四壁，几乎没有什么财产，留下的唯一遗物，就是至今存放在焦裕禄纪念馆的一把破藤椅，这把藤椅见证了焦裕禄与病魔的艰苦斗争，藤椅的左手边有一个拳头大小的洞，每次遭遇肝痛，焦裕禄为了止痛，就随手拿起一支钢笔，或是一个杯子顶住，久而久之，藤椅被顶烂了，形成一个触目惊心的黑洞。这个黑洞，让人心里一紧，这其中承载了多少痛苦！焦书记有一句对抗病魔的名言："病就是个欺软怕硬的东西，你压住它，它就不欺负你了。"这句朴素的话，没有高深的大道理，但至今凛凛有生气，让世界上很多与苦难抗争的哲学宝典黯然失色。

程世平同志平淡的讲述，一字一句并无惊人之语，却具有了无穷的魔力，在党的作风建设史上产生了深远的影响。1966年，《人民日报》刊发了长篇通讯《县委书记的好榜样——焦裕禄》，时隔半个多世纪，我们读起那篇通讯，仍然会被感动得无以自持。

时隔多年后，有人采访当天发言的程世平同志，发现他本人并非演讲高手，相反他不善言辞，并带有浓重的方言腔调，那他在当天凭什么征服众多同仁？凭的就是一个"真"字。

焦裕禄在兰考的所作所为，不用渲染，已经非常突出；焦裕禄在兰考的工作表现，不用修饰，足以感人至深；焦裕禄在当地干部和群众心中的形象，不用拔高，已经恢宏伟岸。

程世平如实地讲述了焦裕禄在兰考470天的所作所为，每一个故事都是真实的，真实的东西总是有最强大的穿透力，直击听众的灵魂深处。焦裕禄在听众心中的形象是丰满的，也是完美的，大智大勇、大仁大义、大忠大信，是一个共产党人的标杆。

第二节
倡议书

如今的河南省，几十年来经济社会飞速发展，和20世纪60年代比，已经发生了翻天覆地的变化。特别是当年的困难县兰考，依托泡桐、焦桐资源，引进恒大、曲美、大自然等品牌企业，建成品牌家居、民族乐器等优势产业，另外根据农业大县的实际，引进华润、正大、禾丰等农业产业化龙头企业，形成"鸡鸭牛羊驴＋饲草"的全产业链，在全国县域经济中大放异彩。2017年，兰考宣布率先完成脱贫攻坚任务，曾经的风沙盐碱地，如今瓜果连片、企业林立，成为富裕之地、宜居之地、希望之地。当年一遇灾年就逃荒的兰考，如今早已旧貌换新颜。焦裕禄之后的兰考，又经历了十几任县委书记，他们一茬接着一茬干，一棒接着一棒跑，勇于担当、接续奋斗，终于形成今天的良好局面，这其中，焦裕禄究竟贡献几何？历史已经给出了最好的答案。

2009年5月，河南省158名县委书记联名写了一份倡议书，向全省党员干部呼吁：

像焦裕禄同志那样，坚定信念、对党忠诚。

像焦裕禄同志那样，知难而进、坚韧不拔。

像焦裕禄同志那样，心系群众、亲民爱民。

像焦裕禄同志那样，科学求实、真抓实干。

像焦裕禄同志那样，艰苦奋斗、廉洁奉公。

今天的兰考，治理"三害"早已经不是时代的主题，但以治理"三害"而闻名的焦裕禄，却从未远离、永不褪色，始终活在人们的心中。158位县委书记的郑重倡议，再一次清晰地告诉我们，无论时代如何变迁、环境如何变化、社会如何进步，中国共产党的初心使命和执政理念从未改变，对优秀党员干部的界定和标准也从未改变。

焦裕禄是一个信念坚定、对党忠诚的好干部。1962年冬，接到地委的一纸调令，就临危受命，不顾一切地一头扎进兰考这个艰苦的战场。当时的兰考是河南省一块出名的硬骨头，自然条件差、发展基础差，干部群众生活困难、士气低落，年年救灾年年灾，多年来只有干部调出，鲜有干部调进。对待组织交付的艰巨任务，他没有畏惧退缩，而是真诚希望把自己派到最困难的地方去，为党和人民分忧解难。焦裕禄在落实党的决策部署上无条件执行，在大是大非面前立场坚定，时时刻刻把对党的忠诚牢记心中，这是一个共产党员纯粹政治品格的最佳诠释。

焦裕禄是一个敢于担当、勇于负责的好干部。面对兰考自然灾害的肆虐和贫困落后的实际，焦裕禄怀着"兰考这块地方，是同志们用鲜血换来的。先烈们并没有因为兰考人穷灾大，就把它让给敌人，难道我们就不能在这里战胜灾害"的崇高历史责任和强烈的使命担当精神，向党和人民立下"苦战三五年，改变兰考的面貌。不达目的，我们死不瞑目"的誓言，在任的470多天里，靠一辆自行车和一双"铁脚板"，以患病之躯跑遍了全县140多个大队中的120多个，跋涉5000余里，走访摸底、蹲点调研，把所有的风口、沙丘和河渠逐个丈量、编号、绘图，最终创造出一套简便、易行、实用的治理"三害"方法。面对黄沙漫漫、盐碱茫茫，他没有丝毫退缩和畏惧，哪里困难最大，他就出现在哪里，风沙最大时他带头查风口、探流沙；大雨倾盆时，他蹚着齐腰深的洪水察看水流。这种不怕困难、不怕牺牲的奋斗精神，生动体现了一个优秀党员干部对党和人民事业高度负责的担当精神。

焦裕禄是一个爱民亲民、为民解难的好干部。他常说："共产党员应该在群众最困难的时候，出现在群众的面前；在群众最需要帮助的时候，去关心群众、帮助群众。"在兰考工作期间，他不顾病魔缠身，与群众一起战风沙、斗洪涝、治穷根；大风雨雪肆虐的时候，他率领干部访贫问苦，登门为群众送救济粮款。他始终与老百姓心相连、情相依，同呼吸、共命运，想群众之所想，急群众之所急，帮群众之所需，认真解决人民群众最关心、最直接、最现实的利益问题。这种为民、爱民、亲民的作风，充分反映了中国共产党人和党的干部对人民群众的深厚情感和公仆情怀。

焦裕禄是一个真抓实干、作风务实的好干部。实事求是是共产党干部最宝贵的品质。焦裕禄在兰考的一年多，每一步都在真抓实干，如果细数起来，焦裕禄在兰考做的都是一些基础性工作和长远规划，很难用一般的政绩标准来衡量，却奠定了兰考长远发展的根基。他只管埋头耕耘，而从不问收获，干事创业只有一个标准：凡是有利于党和人民利益的事，就坚持去干，干就干好；凡是不利于党和人民利益的事，他带头不干，也绝不允许别人干。

焦裕禄之所以被称为"县委书记的榜样"，就在于他展现出一名优秀干部做人的品格、干事的本领、担当的精神、爱民的情怀和奋斗的境界。焦裕禄精神所焕发的深厚伟力在我们党领导全国人民进行伟大斗争、建设伟大工程、推进伟大事业、实现伟大梦想的新征程上，正展现出磅礴的正能量和强大的软实力。

第三节
干部《十不准》与《中央八项规定》

在焦裕禄纪念馆的墙上,有一面醒目的形象墙,墙上赫然显示的是焦裕禄当年亲自修订的兰考县委干部《十不准》纪律规范:

1. 不准用国家和集体的粮食大吃大喝、请客送礼。

2. 不准参加封建活动。

3. 不准赌博。

4. 不准挥霍浪费粮食,用粮食做酒做糖。

5. 不准用集体的粮食或向社员摊派粮款演戏、演电影。谁看电影看戏谁拿钱,谁吃饭谁拿钱。

6. 业余剧团只能在家乡、本队演出,不准借春节演出为名,大买服装、道具,铺张浪费。

7. 各机关、学校、事业单位的党员干部,都要以身作则,勤俭过年，一律不准请客送礼；不准拿国家物资到生产队换取农、副产品；不准用公款组织晚会；不准送戏票；礼堂10排以前的戏票不能光卖机关干部，要按先后顺序卖票；一律不准到商业部门要特殊照顾。

8. 不准利用职权到生产队或其他部门索取物资。

9. 积极搞好集体的副业生产，增加收入，改善生活，不准弃农经商，不准投机倒把。

10. 不准借春节之机，大办喜事，祝寿吃宴，大放鞭炮，挥霍浪费。

因为儿子免费看戏，引起了焦裕禄的深入反思，最终促使干部《十不准》规定出台。干部《十不准》最先约束的对象是县委书记本人及家人，核心内容主要分四个方面：厉行节约、移风易俗、反对特权、惩治腐败。干部《十不准》是一份既平常又不平常的文件。说它平常，是因为文件所规定的每一条，都是每个共产党员、革命干部时刻应该想到的、做到的起码准则；说它不平常，是因为文件所规定的每一条准则，都闪耀着共产主义的思想光辉，都是对特权思想的有力批判，体现着中国共产党人一贯的自我净化、自我完善、自我革新、自我提高的勇气和自觉，体现着党长期以来矢志强化作风建设、从严管党治党的优良传统。

焦裕禄作为县委书记，针对兰考当年的现实情况，制定出操作性极强的纪律规范，改善了干群关系、改进了干部作风、改变了困难局面，取得了良好的政治社会效果。越是困难多、压力大、任务重，越需要一支作风过硬的干部队伍。只有对干部严格要求、严格管理、严格监督，党和政府才有公信力、领导力、号召力，人民群众才会真诚拥护支持，社会主义各项事业才能蓬勃发展。从某种程度上讲，焦裕禄出台干部《十不准》是党风廉政建设史上的一次伟大探索，具有重要的历史和现实意义。随着时代的发展和社会的进步，今天广大党员干部的工作、生活环境发生了巨大改善，但从精神内涵和价值取向来看，却永不过时。

2012年12月4日，中共中央政治局召开专门会议，出台了文件——《十八届中央政治局关于改进工作作风、密切联系群众的八项规定》，因为规定很简单，全文仅600多字，八条内容，所以简称"中央八项规定"。

习近平总书记指出，我们抓中央八项规定贯彻落实，看起来是小事，但体现的是一种精神。中央八项规定充分体现了中国共产党持之以恒加强作风建设的优良传统，体现了以习近平同志为核心的党中央"治国必先治党、治党务必从严"的坚定决心。

从焦裕禄的干部《十不准》到中央八项规定，中国共产党把作风建设不断引向深入，大力弘扬党的优良作风，以优良党风政风凝聚人心、汇聚力量，必将带领全国人民在实现"两个一百年"奋斗目标的征程上，不断取得新进步、赢得新胜利、创造新辉煌。

第四节
追寻中国共产党人永远的精神路标

1990年,时任福州市委书记的习近平写下《念奴娇·追思焦裕禄》:

魂飞万里,盼归来,此水此山此地。百姓谁不爱好官?把泪焦桐成雨。生也沙丘,死也沙丘,父老生死系。暮雪朝霜,毋改英雄意气!依然月明如昔,思君夜夜,肝胆长如洗。路漫漫其修远矣,两袖清风来去。为官一任,造福一方,遂了平生意。绿我涓滴,会它千顷澄碧。

这首词充满深情地表达了习近平总书记对焦裕禄的深情赞颂,这正是对焦裕禄精神的一种诗意概括。

在党的历史上,焦裕禄是一个熠熠生辉的精神坐标,焦裕禄精神是在中国共产党带领人民群众开展社会主义建设时期培养、形成和发展起来的,是中国共产党人崇高革命精神和优良革命传统的突出体现，是中国共产党人精神谱系中的重要组成部分。2014年3月，习近平总书记在河南省兰考县调研时指出，焦裕禄精神"过去是、现在是、将来仍然是我们党的宝贵精神财富，我们要永远向他学习"①。对焦裕禄亲民爱民、艰苦奋斗、科学求实、迎难而上、无私奉献精神的科学概括，做出学习传承焦裕禄精神的重要指示，并强调"做县委书记就要做焦裕禄式的县委书记，始终做到心中有党、心中有民、心中有责、心中有戒"②，这给焦裕禄精神赋予了新的时代价值，为在新时代弘扬和传承焦裕禄精神指明了方向。

焦裕禄精神体现了全心全意为人民服务。焦裕禄经历了抗日战争、解放战争和建设时期，其丰富而艰苦的人生经历，坚定了他对人民的感情，激发了他对群众的热爱。救他教他的党、爱他敬他的百姓是焦裕禄情感的支点、力量的原点，正是这一份份人世间最温暖、最真挚、最感人的情感，使得焦裕禄在面对人生中的一个又一个考验和挫折时，无论担任什么样的角色、处于什么样的境地、面临什么样的抉择，都能将对人民群众的感情置于首位。

---

① 习近平：《弘扬焦裕禄精神 继续推动教育实践活动取得实效》，《人民日报》2014年3月19日。
② 《习近平同中央党校县委书记研修班学员座谈》，《人民日报》2015年1月13日。

1962年冬天，正是兰考县遭受内涝、风沙、盐碱三害最严重的时刻。这一年，春天风沙打毁了20万亩麦子，秋天淹坏了30多万亩庄稼，盐碱地上有10万亩禾苗碱死，全县的粮食产量下降到了历年的最低水平。就是在这样的关口，焦裕禄来到了兰考。在兰考火车站站台上，看到老乡们准备背井离乡外出要饭时，他含着泪向乡亲们鞠躬："党把这个县36万群众交给我们，不能带领大家战胜灾荒，我们应该感到耻辱！大家是被灾荒逼走的，真对不起你们！我们很快会用热炕头、白面馍馍把你们接回来的！"焦裕禄示范引领一代又一代的共产党人，通过艰苦卓绝的努力，最终兑现了自己对人民群众做出的庄严承诺。

焦裕禄经常说："一个共产党员要密切联系群众，做群众的知心朋友，要帮助群众进步，首先要有一颗对党、对阶级兄弟的赤诚忠心，不能有任何私心杂念。有了私心就会忘掉党性，人也会变得自私起来，听不到群众的心声，摸不到群众的脉搏。"

人民就是江山，江山就是人民。坚持走群众路线，是党的性质和宗旨的体现，是我们党的最大政治优势，也是焦裕禄精神的深厚根源。焦裕禄心系群众冷暖，矢志不移地改变兰考面貌，用实际行动诠释了中国共产党人一心为民的公仆情怀。100年来，从建党的开天辟地，到新中国成立的改天换地，到改革开放的翻天覆地,再到党的十八大以来取得的历史性成就、发生的历史性变革,靠的是以人民为中心的根本立场;靠的是一切为了人民、一切依靠人民;靠的是一个个焦裕禄式的好党员、好干部。任何时候任何情况下,我们都必须站稳人民立场、始终同人民在一起。这正是焦裕禄精神给我们的深刻启示。

焦裕禄精神体现了不怕困难,不惧风险,大无畏精神。从河南省尉氏县到兰考县,焦裕禄迎难而上,丝毫不畏惧"灾区栽干部"的流言,毅然决然地响应党的号召,临危受命,到当时"最苦、最难、最穷"的重灾区兰考县。

焦裕禄所面对的兰考,以其"灾荒压头、人口外流、干部发愁"的困难情况闻名。与此同时,焦裕禄还要努力克服自身"三难",即未有担任重灾区县委书记的工作经验;工资标准的降低;因三年自然灾害造成的营养不良性肝炎。面对这些困难,焦裕禄到了兰考后并没有等政策、靠拨款、要援助,而是积极主动地开展工作。在困难面前,焦裕禄秉承着拼上老命,大干一场的决心改变兰考面貌。他带领全县干部群众战天斗地,以其革命豪情和冲天干劲为治理和消除"兰考三害"、从根本上改变兰考面貌做出突出贡献。他于生命弥留之际,在病床上说:"不改变兰考面貌,我死不瞑目。我死后,要把我葬在沙丘上,我要看着你们把沙丘治好。"

共产党人,就是要以身为旗、迎难而上,越是艰险越向前！焦裕禄常说，共产党员就是要"在困难面前逞英雄"。他在兰考的每一天，心里想的都是排内涝、战风沙、治盐碱，即便是肝癌的剧痛，也击不垮他摘掉兰考"穷帽子"的信念。

在不同历史时期，全国各地涌现出了一批批焦裕禄式的好干部，焦裕禄精神的光辉旗帜在社会主义现代化建设的新征程上高高飘扬。例如，原河南省林县县委书记杨贵，带领党员干部群众苦干8年，誓把山河重安排，修通"人间天河"红旗渠；原福建省东山县委书记谷文昌，不畏艰苦，实事求是，带领东山县人民苦干15年，终于把一个荒岛变成了宝岛；原福建省政和县委书记廖俊波，夙夜在公，勤政为民，改变了一方城乡面貌……

焦裕禄精神体现了实事求是、一切从实际出发的求实精神。实事求是是中国共产党人认识世界和改造世界的根本方法。回顾我们党的历史可以清楚地看到，坚持实事求是是党形成符合客观实际、体现发展规律、顺应人民意愿的正确路线方针政策的基础，才能够不断取得胜利。焦裕禄在兰考奋斗的历程就是坚持不懈探求真理、求真务实、科学治理"三害"的实干过程。求真务实体现了认识世界与改造世界、知与行、理论与实践的有机统一。在焦裕禄身上，求真务实既是一种科学精神，也是一种工作作风，还是一种人生态度。

焦裕禄有一句名言：吃别人嚼过的馍没味道。他之所以能在很短的时间里带领兰考人民在治理"三害"上取得显著成效，根本就在于他明察实情、遵循规律、科学治理。面对"三害"肆虐，他清醒认识到，既要有科学合理的规划，还要有切实可行的方法。焦裕禄到兰考任职县委书记的第二天，就开始深入基层调研。在短短一年多时间里，他背着干粮、拿着雨伞，跋涉5000余里，带领县委调查队的同志们很快掌握了风沙、水害的规律。摸清了全县有大小风口84个、大小沙丘1600多个，对所有的风口、沙丘和河渠逐一测量、编号、绘图，并绘出了翔实的排涝、泄洪图。

他从兰考实际出发，带领大家把兰考1000多平方千米的土地上自然情况摸透，亲自掂一掂"三害"的分量有多重。他先后抽调了120个干部、老农和技术员，组成"三害"调查队，探寻风沙的起因，借助老农的经验，经过科学探讨和论证，找到了"扎针贴膏药"的方法，通过植树造林解决风沙灾害问题。焦裕禄的奋斗事迹充分体现了共产党员脚踏实地干事业的求实精神和尊重客观规律的科学方法，这是焦裕禄精神历久弥新、具有强大生命力的重要原因。

焦裕禄精神体现了廉洁奉公，勤政为民。清正廉洁是中国共产党人保持先进性的重要体现。焦裕禄用鲜活的生命诠释了党员领导干部对人性光辉的认识和践行；他用严谨的操守诠释了党员干部对党性修养的认知和实践；他以慎独的清风诠释了党员干部对自身德性品格的锤炼，他以实际行动体现了一个共产党人所能达到和应当达到的高尚情操、精神境界和理想人格。

"心中有戒"贯穿于焦裕禄人生的始终。在其中，最为关键的两个方面就是"管住自己"和"管住家人"。他认为越是在困难的时候，越要经得起考验，作为党员干部不能搞特殊化，生活上更要严格自律，反复强调"革命不是做官，要勤勤恳恳的当人民的勤务员"。焦裕禄生活简朴、勤俭办事，衣、帽、鞋、袜都是补了又补、缝了又缝。他正是以自己勤政为民、廉洁奉公的实际行动，展现了共产党人的高尚情操，在人民群众心目中树立了崇高的形象。

共产党员必须坚持党和人民的利益高于一切，个人利益服从党和人民的利益，吃苦在前、享受在后，克己奉公、多做贡献。在"管住家人"的问题上，焦裕禄深知干部搞特权的危害。当发现儿子不买票看了场"白戏"，他一是严厉批评，二是补票，三是亲自起草了《干部十不准》，整顿了官场风气。当他发现女儿在找工作时，选择去工作轻松又体面的地方，不仅当面批评了她落后的思想，而且在大会上以女儿为反面教材公开批评，教育青年引以为戒。

今天，我们开启了全面建设社会主义现代化国家新征程，正在向着实现第二个百年奋斗目标进军。立足新发展阶段、贯彻新发展理念、构建新发展格局、推动高质量发展，确保

"十四五"时期目标任务落到实处,都对领导干部提出了新的更高要求。面对新形势新任务,各级领导干部要以焦裕禄精神为标杆,拧紧世界观、人生观、价值观这个"总开关",做到心中有党、心中有民、心中有责、心中有戒,振奋精神、激发斗志、树立形象、赢得民心,把为党和人民事业无私奉献作为人生的最高追求,努力创造无愧于党、无愧于人民、无愧于时代的业绩。

参考书目

1. 何香久：《焦裕禄》，河南文艺出版社 2011 年版。
2. 穆青、冯健、周原：《县委书记的榜样——焦裕禄》，中国言实出版社 2014 年版。
3. 吕丽娜：《焦裕禄：把我埋在沙丘上（中华先锋人物故事汇）》，党建读物出版社 2019 年版。
4. 任彦芳：《焦裕禄身后：我与兰考的悲喜剧》，广东人民出版社 2013 年版。
5. 吴宏亮：《焦裕禄精神永放光芒》，大象出版社 2014 年版。
6. 本书编写组：《焦裕禄精神学习读本》，新华出版社 2014 年版。
7. 李西泽：《做最好的党员——向焦裕禄同志学习》，华中科技大学出版社 2015 年版。